KB235319

5·18연구소 학술총서 ③

동남아시아의 민주주의와 인권

5·18연구소 학술총서 ③

동남아시아의 민주주의와 인권

2003년 8월 14일   초판인쇄
2003년 8월 20일   초판발행

편집·발행   전남대학교 5·18연구소
제작·판매   경인문화사
　　　　　　서울 마포구·동 324-3
　　　　　　전 화: 718-4831~2
　　　　　　팩 스: 703-9711
　　　　　　kyunginp@chol.com
등 록 번 호   제10-18호
등록연월일   1973.11.8.

※ 파본 및 훼손된 책은 교환 해 드립니다.

ISBN : 89-499-0196-2 93330   값 : 8,000원

동남아시아의 민주주의와 인권

김용철·김영기·김경학 편역

景仁文化社

서 문

한국의 정치는 이미 민주화이행 단계를 지나, 민주주의의 공고화 단계의 끝자락에서 서 있다. 그리고 이젠 성숙된 민주주의로 나아가는 과정에 있다. 그 긴 여정의 길목에 바로 1980년 광주항쟁이 자리하고 있다. 광주항쟁은 군부권위주의 체제를 부활시키려는 신군부에 정면으로 대항한 민주화운동이었다. 비록 막강한 폭력 앞에 좌절된 민주화운동이었지만, 10일간의 처절한 투쟁은 이후 우리의 역사 속에서 든든한 버팀목이 되어 왔다.

광주항쟁은 엄청난 자기 희생을 통해 군부권위주의 통치의 폭력성과 모순성을 극적으로 드러내는 사건이었고, 한국사회에 새로운 저항이데올로기를 형성시키는 계기가 되었다. 그리고 그것은 1987년 '6월항쟁'이라는 민주화투쟁으로 이어졌고, 1997년 4월 "성공한 쿠테타도 처벌될 수 있다"는 사법부의 판결을 이끌어 내었다. 이제 한국사회에서 군부권위주의란 상상할 수 없는 상황에 이르렀다. 보다 성숙된 민주사회로 진입을 위해 고민하고 노력하는 것은 우리의 몫이다.

광주항쟁에 대한 학문적 연구는 상당한 성과를 거두고 있다. 그러나 아직도 많은 과제들이 우리를 기다리고 있다. 학문적으로 보다 넓고 깊은 연구를 위해 다른 나라들의 경험을 이해할 필요가 있으며, 보다 성숙한 민주주의의 성취를 위한 해외의 학자 및 활동가들과의 교류와 공감대의 형성을 통해 국제적 연대를 모색할 필요가 있다. 이 책은 바로 이러한 목적으로 광주항쟁 21주년을 맞아 전남대학교 5·18연구소가 주최한 제2회 국제학술회의에서 발표된 논문들을 모아 발간한 책이다.

당시 "동남아시아의 식민주의, 권위주의, 민주주의 및 인권"이
라는 주제를 중심으로 동남아 각 나라의 전문가들을 초청하여 열
띤 논쟁을 벌였다. 한국사회와 마찬가지로, 동남아시아의 대부분
의 사회들은 식민지통치를 거쳐 신생독립국으로 출범한 이후, 군
부권위주의 통치와 반독재투쟁을 경험하였다. 따라서 이들의 역사
적 경험을 통해서 한국사회가 걸어온 민주화 및 인권운동을 다시
성찰하는 계기가 될 수 있으며, 학문적으로 광주항쟁을 보다 객관
적으로 이해하는 계기가 될 것이다.

이 책에는 총 9편의 글들이 실려 있다. 구체적으로 타이완, 베트
남, 인도, 태국, 말레이시아, 필리핀, 인도네시아의 권위주의와 민
주화운동에 관한 주제들이다. 이들 저자들의 대부분은 현지의 대
학교수이거나 NGO 활동가들이다. 따라서 논문들의 내용은 학문적
분석들이거나 혹은 현지의 상황에 대한 구체적인 서술들이다. 그
내용들을 간략하게 요약하면 다음과 같다. (1) 압둘 라만 엠봉
(Abdul Rahman Embong)은 말레이시아의 민주화는 매우 느리고 지
연되는 양상을 보이고 있음을 지적하면서, 그 이유를 영국 식민주
의 통치가 남긴 정치 · 경제적 그리고 사회구조적 유산에서 찾고
있다. (2) 천춘훙(Chen Chun－Hung)은 타이완의 민주화 및 민주주
의 공고화과정을 분석하고 있다. 그는 인권이라는 측면에서 볼 때
현재 타이완의 민주주의는 형식민주주의에 불과한 "선거민주주
의"에 머물고 있다고 주장한다. (3) 루디 리키(Rudi Rizki)는 인도네
시아의 민주화이행과 인권문제를 다루고 있다. 민주화를 위한 체
제적 전환은 이미 시작되었으나, 인권문제의 해결은 가해자와 피
해자간의 갈등과 긴장의 증폭으로 인해 요원한 것으로 보고 있다.
그는 인도네시아에서 인권문제 해결의 출발점은 '진실과 화해 위

원회'의 설립으로부터 시작해야 한다고 주장한다. (4) 아르만도 말라이(Armando Malay)는 최근 필리핀의 정치적 경험을 소개하고 있다. 특히 1972-1986년의 자유가 억압당하던 시기와 이후 에스트라다(Estrada) 격변기 이전까지의 민주주의 회복 시기를 포함하여, 2001년 초 ESDA II의 발발로 이어지는 국가 공동체적인 분위기의 변화를 서술하고 있다. 그는 일련의 정치과정에서 "국민의 힘"에 대한 기대는 대중적 인기를 끌었지만, 현실적으로 이를 구체화하는 데는 실패했다고 평가한다. (5) 응오 빈 롱(Ngo Vinh Long)은 베트남에 대한 프랑스 식민주의와 미국 제국주의가 오늘날 베트남의 권위주의적 정치제도의 성립에 토대가 되었음을 분석한다. 그는 원래 베트남 사회가 지니고 있었던 참여민주주의적 전통이 프랑스의 식민통치와 미국의 제국주의적 개입을 거치면서 철저하게 파괴되었음을 지적한다. (6) 수타차이 임프라서트(Suthachai Yimprasert)는 1976년 10월 6일 태국에서 발생한 유혈사태의 배경에 대해서 설명한다. 정부의 공식문서에 의하면, 유혈사태의 원인을 좌파 학생들의 선동에 의한 노동자와 농민들의 파업과 불법시위로 인한 태국 경제 및 사회의 혼란으로 단정짓고 있다. 그러나 필자는 10·6 사태는 태국민들의 민중적 봉기를 두려워하는 지배계층에 의한 선제적 조치 때문에 발생한 사건임을 지적한다. 즉 태국의 지배계층은 10·6 사태와 같은 살인과 쿠데타를 통해서 문제를 해결했다고 주장한다. (7) 리타 만찬다(Rita Manchanda)는 인도 국민당(BJP) 정부의 동방정책 선동에 내재되어 있는 이데올로기적 이해관계에 대해 보다 비판적으로 고찰해볼 필요성을 제기하고 있다. 그에 의하면, 인도의 동방정책에는 힌두주의가 코드화되어 있으며, 중국과의 경쟁관계 속에서 아시아에서 세력을 확보하고자 하는 열망의 표현으로 본다. 인도의 계산된 동방정책은 인도에 있어서는 군사화와 반민주적 정책이라는 결과를 초래하였고, 안전보장 패러다임의 우세는 필연적으로 상처받기 쉬운 집단들 특히 빈민, 여성, 난민, 소수민족들과 이주민들의 삶의 기회를 붕괴시키고, 환경에 대한 관심을 평가절하하며, 남성 우월적인 문화를 장려하는 결과를 초래한다고 비판한다. (8) 로라 섬머즈(Laura Summers)는 광주항쟁을 비롯한 1986년의 필리핀 민중운동, 1973년의 태국 봉기, 1998년 인도네시아의 리포마시(reformasi) 봉기들이 두 가지 핵심적 그리고 부가적 요인에 의해 가능했음을 지적한다. 즉 핵심적 요인으로 가족의 젠더 정치체제(family gender regimes)의 붕괴로 인해 그리고 부차적 요인으로 여성의 용감스런 참여로 인해 가능했음을 주장한다. 그리고 남성과 여성 정치인은 정치적 가치와 스타일에 있어서 커다란 차이를 보이며, 이러한 차이의 근원을 국가와 가족 내에서의 여성의 종속성에서 찾을 수 있다고 주장한다. (9) 바실 페르난도(Basil Fernando)는 아시아 민주주의가 직면한 문제점 가운데 하나로서 사람들의 편견을 지적한다. 따라서 편견을 없애는 작업은 민주주의를 세우는 작업의 일환이며, 이러한 작업은 민중들간의 활발한 의사소통이 그 기본이 됨을 강조한다. 그는 민중들에 의한 담론의 형성 및 주도가 권위주의를 예방하고 민주주의를 공고화하는 첩경임을 주장한다.

20세기의 식민지배와 권위주의적 통치를 뒤로하고, 이제 아시아 사회는 민주주의를 향해 나아가고 있다. 우리는 과거 식민통치 및 권위주의가 남기고 간 정치적 유산들이 민중들의 민주화를 위한 열망과 노력에 의해 제거되고 해소되길 희망한다. 그리하여 보다 성숙하고 평화로운 공동체가 아시아 사회에 정착되고 제도화되길

소원한다. 이러한 의미에서 역사는 우리에게 많은 것을 시사한다.
그리고 위 글들이 그러한 역사적 시사점들을 발견하고 상기하는
데 조금이나마 일조하기를 바란다. 끝으로 이 책이 발간되기까지
수고를 아끼지 않았던 전남대학교 5·18연구소의 양나윤 조교와
편집·교정에 수고를 해 준 진주에게 감사를 표한다.

2003년 6월
편역자 일동

말레이시아의 민주화 경험: 국가, 계급, 그리고 종족 갈등

압둘 라만 엠봉
(Abdul Rahman Embong)*

I. 머 리 말

크로우치(Crouch)에 의하면, 말레이시아 정치체계는 "민주주의 혹은 권위주의라는 범주로 명확하게 구분하기 어려운 특성을 지니고 있으며," 더구나 "말레이시아 정치체계의 변화의 방향을 가늠하기란 훨씬 더 어렵다"고 결론을 내린다. 그는 말레이시아 정치체계를 "민주주의도 아니고 권위주의적도 아니라고" 기술하면서, "말레이시아 정치체계는 정치적 억압과 반응 사이를 왕래"하여 왔음을 지적한다.[1] 즉 크로우치의 평가에 의하면, "말레이시아 정부는 한편으로 권위주의적인 수단에 의존하는 경향을 보여 왔으며, 다른 한편으로 상대적으로 개방적인 태도를 취해왔다. 그럼에도 불구하고 이러한 왕래의 진폭은 제한된 범위 내에서 일어난

---

* 말레이시아 캐방사안 대학교(University Kebangsaan, Malaysia).

1) Harold Crouch, *Government and Society in Malaysia*, (NSW: Allen & Unwin, 1996), p. 6.

까닭에 정치체계의 성격을 근본적으로 변화시키지 않았다. 본질적으로 말레이시아 정권은 억압적인 성격과 반응적인 성격을 동시에 지속적으로 보여왔다"고 한다.[2]

크로우치가 관찰했던 것처럼, 말레이시아 정치체계 속에 만연한 긴장과 모순을 고려하면, 최근 1997~98년 아시아 경제붕괴와 같은 심각한 위기가 말레이시아 정치를 불안으로 몰아 갈 수 있으며, 여당과 그 지도자들의 변화를 가져올 것으로 예측할 수도 있을 것이다. 사실, 경제위기는 많은 동남아시아 국가에서 정권의 변화를 촉발했다. 예컨대, 인도네시아와 타일랜드가 가장 대표적인 사례이다. 또한 최근 일련의 상황은 중산층을 비롯한 젊은이들과 여성들의 역할이 매우 중요하다는 것을 보여주면서, 말레이시아에서 민주화와 사회변화의 전망에 대한 중요한 문제들을 제기하고 있다. 분명 경제위기로 인한 극심한 긴장과 중압감이 말레이시아 정치체계를 강타했다. 지도권의 첨예한 분열과 갈등은 말레이시아의 전 부총리이자 마하티르(Mahathir)의 후계자로 알려진 안와르 이브라힘(Anwar Ibrahim)을 지도부에서 추방시키고 감옥에 감금하는 결과를 가져왔다. 즉 안와르 이브라힘은 마하티르의 통치에 대한 말레이인(Malays)들의 강력한 반대를 이끌어 내었던 인물이다. 그러나 마하티르 정권은 위기에 휩싸인 경제를 재건하기 위하여 비정통적인 정책을 채택하고 실천에 옮김으로써 정치체계의 전면적 변화를 간신히 면할 수 있었다. 정치적인 측면에서, 마하티르의 비정통적 경제정책의 채택과 집행은 국제적 조류인 지구화(globalization)와 국내의 정치적 반대세력을 공격하면서 더욱 공고화되었다. 그리고 마히티르 정권은 말레이 유권자들의 정치적 지지의 철회에도 불구하고, 1999년 11월 총선에서 의회 의석의 2/3을

---

2) 같은 책, p. 7.

차지하는 대승을 거두었다.

어떻게 마하티르 정권은 선거에서 승리를 거둘 수 있었는가? 승리에 대한 대가는 무엇인가? 그리고 말레이시아의 사회변화와 민주화의 전망은 어떠한가? 이 글은 민주화 경험을 회고할 뿐만 아니라 말레이 사회, 역사, 정치, 그리고 문화의 복잡성 등 광범위한 범위를 해명하려고 한다. 먼저 영국식민주의의 유산을 살펴봄으로써 말레이시아의 식민주의적 경험에 대해 언급할 것이다. 두 번째 부분에서 독립 이후의 발전에 대한 논의를, 세 번째 부분에서는 1997∼98년의 위기와 그것이 갖는 정치적 함의를 분석하고자 한다. 그리고 마지막 부분에서는 민주적 공간과 변화의 전망에 대해 언급할 예정이다.

Ⅱ. 역사적 배경: 영국식민주의와 그 영향

말레이시아(예전의 말라야)는 1957년 식민통치에서 독립한 신흥국가이지만, 2천 년이 족히 넘는 말레이 세계의 장구한 역사와 문명을 지니고 있는 나라이다. 의회민주주의 형태 속에서 입헌군주제가 존재하는 근대 말레이시아 정치체계는 하루아침에 이루어진 것이 아니라, 말레이 전통적 정치조직과 식민주의 경험으로부터 천천히 진화한 것이다. 독립이전 말라야는 술탄들에 의해 통치되는 여러 개의 술탄령으로 구성되어 있었다. 그 가운데 가장 중요한 지역은 1400년에서 1511년까지 지속된 말라카 술탄령으로, 유명한 유럽여행가 마르코 폴로가 이탈리아의 베니스와 비교할 만한 번성한 국제 무역항인 말라카가 그 영토 안에 있었다. 그러나 1511년 말레이 국가들의 운명은 서구 식민주의가 침입하면서 급격한 변화를 맞이하였다. 거의 450년간 서구 식민주의 지배 하에 고통을 받으면서 말라야는 식민 종속의 가장 긴 역사를 가진 아시아의 나라 중의 하나가 되었다. 1511년 이래 말라야는 포르투칼(1511~1641)을 시작으로, 네덜란드(1641~1824), 영국(1786~1957)의 서구세력들에 의한 피식민 통치의 경험을 가지고 있으며, 가장 최근에는 3년 8개월간의 일본의 점령통치(1941~1945)를 경험하였다. 그 가운데 영국의 식민주의는 말레이시아 정치조직, 경제, 사회와 문화에 있어 가장 큰 영향을 미쳤다.

거의 2세기 동안 지속되었던 영국 식민주의는 독립 이후의 말레이시아 사회의 전반에 걸쳐 근본적인 변화를 초래하였다. 우선 말라카 술탄 통치 하에서 번성하였던 해상무역과 봉건경제는 파괴되었고, 서구산업시장에 고무와 주석을 공급하는 식민주의적 자본주의 경제로 변화되었다. 식민주의자들이 국가권력과 경제를 장악하면서 전통적인 말레이 무역상인들은 서서히 쇠퇴하였다. 그리고 20세기 전반에 이르러, 말라야는 영국제국에 가장 큰 달러 수익을 올려주는 식민지가 되었다. 특히 영국이 2차 세계대전 이후 심각한 경제문제에 직면했을 때, 말라야 식민경제는 식민 모국인 영국의 경제회복에 아주 중요한 공헌을 했다. 그 결과, 독립 직후 말라야 경제는 식민 본국에 의존적인 위성국의 모든 특징을 지니고 있었다.[3]

또한 영국 식민주의는 말라야 사회에 다원주의(pluralism)를 형성시키는데 지대한 공헌을 하였고,[4] 동시에 식민주의적 역할 분담

---

3) J. J. Puthucheary, *Ownership and Control of the Malayan Economy*, (Singapore: Eastern Universities Press, 1960); Dun Jen Li, *British Malaya: An Economic Analysis*, (Kuala Lumpur: INSAN, 1982); K. S. Jomo, *A Question of Class: Capital, the State and Uneven Development in Malaya*, (Singapore: Oxford University Press, 1986).

4) J. S. Furnivall, *Colonial Policy and Practice*, (New York: New York University

을 정착시켰다. 구체적으로, 원주민들이 근대 경제부문에 참가할 준비가 되지 않았다는 이유로, 영국은 19세기 후반에 들어서면서 주석 광산과 고무 생산지에서 일할 수십만의 이주 노동자를 중국과 인도에서 들여왔다. 반면 원주민들은 시골에서 전통적인 쌀 농사와 어업에 종사하도록 하였다. 영국은 수많은 이주민을 말라야 사회에 유입시켜, 상대적으로 동질적인 말라야 사회에 이질성을 부여하였을 뿐만 아니라 종족집단을 경제적 기능과 동일시하기 시작했다. 영국의 분할 지배정책은 각각 상이한 종족집단들로 하여금 그들 고유의 지리적, 사회적, 문화적 영역에서만 생활을 영위하게 유인하였고, 단지 시장 영역에서만 서로 접촉할 수 있게 하였다. 이러한 영국의 식민 정책은 독립 이후 말레이시아 국가건설을 매우 어렵게 만들었다.[5]

또 다른 중요한 유산은 전통적인 말레이 통치자들에 대한 영국의 정책과 밀접한 관련을 지닌다. 인도네시아에서 전통적인 술탄들을 제거했던 네덜란드인과 달리, 영국은 말라야에서 말레이 통치자들을 그대로 두면서 그들의 절대군주로서의 역할을 단순히 '말레이 관습과 종교'에 책임을 지는 이름뿐인 지도자로 격하시키는 보다 미묘한 접근을 취했다. 영국의 식민지 당국은 술탄들을 식민 국가기관 내에 포섭함으로써 외관상 전통적 정치조직에 큰 변화를 초래하지 않았다. 또한 영국은 말레이 농민들을 전통적인 일에 계속 종사하도록 남겨둠으로써 그들의 전통적인 생활방식을

Press, 1956).

5) James P. Ongkili, *Nation−building in Malaysia 1946−1974*, (Singapore: Oxford University Press, 1985); Cheng Teik Goh, *Malaysia: Beyond Communal Politics*, (Petaling Jaya: Pelanduk Publications, 1994); Embong Abdul Rahman, "The Culture and Practice of Pluralism in Post−Independence Malaysia," *IKMAS Working Paper Series* No. 18, (Bangi: Institute of Malaysian and International Studies, Universiti Kebangsaan Malaysia, 2000).

유지하도록 하였다. 이러한 영국의 식민통치 방식은 궁극적으로 식민통치에 대한 말레이인들의 저항을 방지하는 효과를 가져왔다.

말레이지아의 근대화 및 민주화 과정에 중요한 역할을 담당한 사회계급들은 독립 이후 본격적으로 성장하였다. 그럼에도 불구하고 이들 집단들은 영국 식민자본주의가 창출한 생산관계에서 배태되었다. 식민통치 이전의 말레이 사회는 대체적으로 3개의 계급 집단들이-계급구조 위계의 상층부에는 술탄과 왕족들이, 중간에는 고위성직자들과 무역에 종사하는 귀족들이, 그리고 하층부에는 '라캬'(rakya, 인민들)와 노예들-존재하고 있었다. 그러나 영국 식민자본주의의 침투는 전통적 계급구조를 급격히 변화시켰다. 경제의 주요 부문은 식민지 부르조아(영국인과 서구 부르조아)들이 장악하였고, 국내 무역과 상업은 주로 중국인들과 몇몇 인도인 중개상이 차지하였다. 술탄을 이름뿐인 지도자로 전락하였고, 그 자리를 영국 고위 행정관과 식민 행정공무원들이 차지하여 식민국가에 대한 지배권을 장악하였다. 비록 일부 말레이인들이 행정공무원으로 채용되기도 하였지만, 그들은 행정위계상 하위직에 국한되었다. 또한 기술자, 의사, 기타 전문직 종사자와 중산계급은 주로 중국인과 인도인이 차지했다. 동시에 중국인과 인도 노동자들을 각각 주석광산과 고무 생산공장에 고용되었고, 이에 따라 노동자계급은 소수의 말레이인, 중국인, 그리고 인도인으로 구성되었다. 반면 농민은 대부분 말레이인들이 차지했다. 간략히 말해, 말라야 사회의 사회경제적 계급은 주로 종족적 구분을 토대로 형성되었으며, 그 결과 종족(ethnicity)과 이민주의(immigrantism)의 쟁점이 계급 이슈를 압도하는 현상을 낳았다.

Ⅲ. 20세기 반식민 독립투쟁들

말레이시아의 독립과 직접적으로 연관된 중요한 반식민 독립투쟁들은 제2차 세계대전 이후 정당들에 의해 주도되었다. 그러나 영국 식민통치에 대항한 반식민 저항의 역사는 1930년대 근대 정당들의 탄생보다 훨씬 앞서 전개되었다. 영국 식민주의에 대한 대항하여 발생한 다양한 형태의 투쟁들 가운데 중요한 사건들은 1831년의 다토 나닝(Dato' Naning), 1875~76년의 다토 마하라자래라(Dato' Maharajalela), 1890~95년의 다토 바하만(Dato' Bahaman), 1915년의 톡 장구트(Tok Janggut),그리고 1928년의 하지 압둘 라만 림봉(Haji Abdul Rahman Limbong)과 같은 애국주의 영웅들이 이끌었던 투쟁들이다. 당시 영국정부는 이들을 모두 '반역자'라고 비난했지만, 말레이 인민들은 이들을 영웅이자 순교자로 여겼다. 비록 이러한 애국주의적 투쟁들은 실패로 마감되었지만, 이들은 20세기 말레이인들의 반식민주의 운동을 고취시킨 애국주의(patriotism) 및 반식민 저항정신의 기반이 되었다.

그러나 종족적 균열(ethnic cleavages)에 기초한 이 지역의 사회 계급구조는 반식민 투쟁노선의 연합 및 통일 전선의 형성에 중요한 장애물로 작용하였다. 수 차례에 걸쳐 연합전선을 형성하려는 시도에도 불구하고, 20세기 전반에 발전했던 반식민운동(anti-colonial movements) 세력들의 통합은 이루어지지 않았다. 그러나 연합전선의 형성이 실패를 거듭하는 속에서도, 식민통치하에서 중요한 사회·정치적 현상들이 일어났다. 봉건주의적 정치질서는 민주적 제도 및 실천을 위한 사회적 공간을 결코 허락하지 않았지만, 전반적인 상황은 식민통치 아래에서도 서서히 변화하고 있었다.

영국의 시민통치는 근대적인 사회계층인 지식층과 노동자계급을 출현시켰다. 근대적 교육을 받은 지식층들은 새로운 지식과 경험을 습득하였고 정치적으로 자신들의 위치와 상황을 자각하는 집단으로 변모하였다. 결국 이들은 민주적 참여를 요구하고, 나아가 국가독립을 요구하는 정치집단의 토대가 되었다. 동시에 식민지 통치자들의 차별과 착취는 노동자들 사이에 반식민주의적 정서를 촉발시켰고, 이러한 상황은 노동자들의 조직화를 상대적으로 용이하게 만들었다.

근대적인 사회계층의 출현과 더불어, 국제적 상황의 변화는 사태를 더욱 진전시켰다. 즉 제2차 세계대전 와중에 일본의 말라야 점령과 영국의 패배, 그리고 세계적으로 식민주의의 약화는 피식민지의 민족주의 정서를 급격히 촉발·변모시켰다. 이전의 초기 민족주의자들이 종족적인 경향－많은 말레이인 사이에서 인도네시아를 위해, 중국인들 사이에서 중국을 위해, 인도인들 사이에서 인도를 위해－을 띠었던 것과는 달리, 제2차 세계대전 이후의 민족주의는 말라야를 위한 민족주의로 그 조류가 변화하였다.

상기의 발전들은 2차대전 전후의 말레이시아에서 정당 및 사회조직의 탄생에 필요한 여건들을 창출하였다. 말라야 최초의 정당은 1930년 지하조직의 형태로 탄생한 말라야 공산당(CPM, the Communit Party of Malaya)으로, 주요 구성원들은 주로 중국인들과 당시 중국에서 발생한 일련의 사건들에 고무 받은 사람들이었다. 이후 인도네시아 민족주의에 영향을 받은 구성원들이 1937년 청년 말레이 연맹(Kesatuan Melayu Muda, the Young Malay Union)을 조직하였다.

1945년 2차대전의 종료 이후부터 영국이 1948년 6월 비상사태를 선포하기 이전의 3년의 기간 동안, 영국은 정당을 비롯한 여타의 사회단체들의 조직과 활동을 수용하는 태도를 취하였다. 이 시기에 탄생한 주요 정당은 말레이 국민당(MNP, Malay Nationalist Party)으로, 1945년 10월에 창당된 MNP는 말레이 독립 당시 영국으로부터 통치권을 넘겨받아 오늘날까지 말레이시아를 통치해온 정당이다. MNP의 창당 이후, 1946년 5월에 말레이시아 국민연합(UMNO, the United Malay National Organization)이 조직되었고, 거의 같은 시기에 중국인 협회(MCA, Malayan Chinese Association)와 말라야 인도인 회의(MIC, Malayan Indian Congress)가 조직되었다. 그 외에도 노동자, 청년과 여성들 사이에서 수십 개의 대중조직들이 만들어졌는데, 이들 조직 가운데 일부는 CPM과 MNP의 전위대 성격을 띠고 있었다.

이후 전후 짧은 기간 동안 몇 가지 사태의 진전은 독립된 말레이시아의 국가건설과 관련하여 매우 중요한 의미를 지닌다. 첫째, 1946년 영국의 후원 하에 말레이시아의 향후 운명을 결정짓는 일종의 정치적 제안서인 말라야 연맹(Malayan Union)안(案)이 작성되었다. 말라야 연맹안은 술탄의 권력을 약화시키고 말라야를 영국의 직접적인 관할 하에 두는 것을 내용으로 하는 제안서였다. 이에 대해 비말레이인(non-Malay)들이 크게 반응을 보이지 않았다.6) 그러나 말라야 연맹안은 이내 말레이시아 국민연합의 맹렬한 반대에 직면하였고, 1948년 2월 말라야 연맹안은 말라야 연방협정(Federation of Malaya Agreement)안으로 대체되었다.

둘째, 말라야 분할에 반대한 반식민세력들인 말레이인과 비말레이인들은 말래이 국민당(MNP)의 주요 파트너였던 "PUTERA-AMCJA"라 불리는 반식민연합전선을 1946년에 가까스로 형성할 수 있었다. 후자는 민주적인 반식민세력들이 모인 다민족 연합

---

6) James P. Ongkili, *Nation-building in Malaysia 1946-1974*, p. 59.

세력으로, 기존의 말라야 연방협정에 반대하여 자체적으로 ‘말라야를 위한 인민들의 헌법안’을 식민정부에 제출했다. 이 헌법안은, 영국정부가 제안했고 UMNO가 승인했던 말라야 연방협정과는 달리, 말라야의 독립이 우선적으로 성취되어야 하며, 신생 독립국이며 다민족 국가인 말라야는 민주적 통치 형태를 취해야 한다는 명확한 입장을 표명하고 있었다. 이는 말라야의 독립과 국가건설을 위한 민주적인 운동의 중요한 발전이었다.

셋째, 이 시기의 독립투쟁과 민주화과정은 1948년 6월 이후 급격한 변화를 맞이하였다. 영국이 말라야 공산당(CPM)과 다양한 반식민세력들을 대표하는 PUTERA-AMCJA를 제거하기 위해 6월 비상사태를 선언함으로써, 말레이시아의 독립은 차질을 빚기 시작했다. 반식민운동의 많은 구성원들과 지도자들이 체포되었고, 일부 인사들은 국외로 추방되었다. 또한 일부 세력은 말라야 공산당(CPM)의 지휘 아래 정글로 들어가 게릴라 투쟁을 전개하였다. 영국의 가혹한 비상계엄령 때문에 많은 사람들이 처형되었고, 일부는 수년간 감옥에서 처참한 생활을 해야 했다. 진보적인 정당과 단체들의 활동 금지로 정치적 공백상태가 지속되었던 까닭에, 종족적 집단들에 기반한 세 개의 보수정당들이 - 말레이시아 국민연합(UMNO), 말라야 중국인협회(MCA), 말라야 인도인 회의(MIC) - 영국의 후원하에 1957년 독립국가의 지배권을 영국으로부터 넘겨받게 되었다.

신생 말라야 연방이 채택한 헌법은 1940년대 후반과 1950년대 초반 종족집단들간의 교섭과 자문의 결과를 반영하고 있었다. 그것은 말레이인들에게 특별한 위치와 권리를 부여했고, 비말레이인들에게는 시민권-새로운 국가의 작동을 보장하기 위해 합의했던 일종의 ‘사회계약’-을 부여했다. 제도적 민주주의의 실행으로 말라야(1963년 이후 말레이시아가 됨)는 연방정부 수준과 주정부 수준에서 선거가 있는 영국의 의회민주주의 모델을 채택했다. 헌법에 의하면, 영국 식민통치 하에서 통치자 심의회(Council of Rulers)를 구성했던 말라야 세습 통치자(9인)들은 개별 주정부의 합법적 군주로 남아있는 반면에, 최고통치자(Yang di-Pertuan Agong)는 5년마다 통치자들 중에서 선출되거나 또는 전체 연방의 국가원수가 임기 중 사망했을 경우 선출되었다.

　요약하면, 1940년대 후반의 말레이시아에서 관찰되었던 정치발전은 영국 식민국가의 약화와 말레이시아 인민들의 정치의식이 제고되면서 가능했다. 이 기간은 식민통치에서 벗어나 독립과 국가건설을 성취하는 "중대 전이기"(critical transition)였다. 바로 이 기간 동안 국가의 통치형태와 민주주의적 제도에 관한 많은 생각과 논쟁이 표출되었다. 이 시기에 성취되었던 중요한 사항은 미래 말라얀 국가(나중에 말레이시아가 됨)의 형태과 성격에 관한 것으로, 그것은 다민족 신생국가의 생존을 위해 상이한 민족 집단들 간의 교섭과 협상을 통해 이루어졌다. 그리고 1950년대 초반에 이르러 더 많은 심의를 통해 말라야 연방의 헌법으로 흡수되었다.

Ⅳ. 독립이후의 발전들: 긴장과 모순 속의 안정

　1957년 당시 말라야의 인구는 총 6백 30만 명에 이르고 있었다. 이 가운데, '부미푸트라'(Bumiputera, 말레이인들과 여타 원주민 집단을 지칭)가 49.8%, 중국인 이주민이 37.1%, 인도인 이주민이 11.1%, 기타 2.0%를 차지하고 있었다. 이후 인구는 현저히 증가하여, 현재 말레이시아 인구는 1백 6십만 명의 비시민권자를 포함하여 약 2천 2백만 명에 달하고 있다.[7] 이 전체 인구 가운데, '부미푸트라'가 57.8%로 대다수를 차지하고 있으며, 그 뒤를 이어 중국인이 24.9%, 인도인이 7.0%, 기타가 3.1%를 차지하고 있으며, 비시민권자(주로 인도네시아 이민 노동자들)들은 7.2%를 차지하고 있다. 최근 들어서 중국계와 인도계의 출산율(각각 2.5%와 2.6%)이 일반적으로 낮아진 반면, '부미푸트라'의 출산율(3.7%)은 증가하는 경향을 보이고 있다. 이러한 출산율의 변화는 향후 말레이시아인들의 민족적 구성도를 바꿔놓게 될 것으로 보인다.

인구학적 통계 수치에서 추론할 수 있는 것처럼, 말레이시아의 발전 패러다임이 갖는 두드러진 특징은 민족적 쟁점이 경제적, 정치적, 사회적 또는 문화적인 이슈와 쉽게 연계될 수 있다는 점이다. 사실 말레이시아가 독립했을 당시만 해도, 신생국 말레이시아가 다양한 이민족들 사이에 내재한 긴장과 모순을 어떻게 극복할 수 있을 것인가에 대해 지극히 회의적이었다. 말레이시아는 다원주의적 특징을 지닌 사회이며, 동시에 다양한 민족적 집단들 간의 사회·경제적 불균형을 특징으로 하고 있으며, 나아가 사회적으로 민족적 역할 구분이 오랜 기간 동안 지속되어 온 사회이다. 전통적으로, 말레이인들은 대부분이 가난했고 농촌에서 살아왔던 반면, 중국계 이주자들 무역과 상업에 종사하여 왔으며 도시지역에서 삶을 영위하여 왔다. 이러한 배경 때문에, 말레이인들은 중국계 이주자들이 말레이 경제를 장악하고 있다고 인식하는 경향이 있다. 그러나 이와는 달리, 말레이 경제는 여전히 외국인들에 의해 지배되고 있는 실정이었다.

1957~1969년 기간 동안, 국가의 자유방임적 태도로 인해 말레이 국민경제는 큰 변화를 경험하지 못했다. 말레이시아의 빈곤율은 1970년 51.2%(1.1백만 가구 가운데)에 이르렀는데, 그 중 76%가

---

7) Malaysia, *Mid－Term Review of the Seventh Malaysia Plan, 1995－2000*, (Kuala Lumpur: Percetakan Nasional Berhad, 1999), pp. 96－97.

말레이인 가구였다. 이러한 상황에 대해 많은 말레이인들은 좌절하고 불안해하였다. 말레이인과 비말레이인 간의 긴장과 정치가들의 부도덕성은 말레이-중국인의 관계의 갈등을 부추겼고, 이는 1969년 5월 수도인 쿠알라 룸푸르에서의 종족 폭동에서 볼 수 있는 것처럼 1960년대 후반에 들면서 거의 폭발 직전에 이르고 있었다. 이러한 종족간의 잠재적 갈등 요소에도 불구하고, 30년이 지난 오늘날까지 말레이시아는 여전히 하나의 민족국가로 살아 남았고, 제3세계 국가들 가운데 경제적으로 꽤 성공한 나라 중의 하나로 인정받고 있다. 특히 1997~98년의 경제 침체라는 극심한 타격에도 불구하고, 오늘날 말레이시아의 종족 문제는 큰 문제없이 상당히 안정되고 조화로운 관계를 유지하고 있다.

1969년 이후, 말레이시아 국가의 새로운 발전전략의 수립과 실천은 국내 상황의 진전에 크게 기여했다. 신경제정책(NEP, New Economic Policy)으로 알려진 일련의 정책들은 ①민족 이슈와 무관하게 빈곤을 척결하고, ②개별 시민들의 경제적 역할과 민족적 신분과 동일시되는 것을 제거하기 위해 사회를 재구조화하는 두 갈래의 목적을 가지고 있었다. 이민족(異民族)들 간의 균형을 통해 국민적 통합을 강화시키려는 국가의 정책은 1971년에서 1990년까지 약 20년 동안 시행되었다. 구체적으로, 말레이시아 국가는 '성장과 분배'의 원칙을 고수하면서, 그 동안 소외와 배제를 경험해 온 '부미푸트라'를 위한 차별철폐정책을 실행하였고, 수출지향적 산업화에 착수하면서 외국투자자들을 적극 유치하였으며, 교육기회를 확대하였고, 말레이인들에 대해 해외이민을 적극적으로 주선하였다. 다음 부분은 이러한 정책들의 실행 결과에 대한 요약이다.

첫째, NEP의 실행이후, 말레이시아의 사회경제적 구조는 급속한 변화를 가져왔다. 즉 1차 산업부문이 급격히 축소되고 2차 산업부문이 빠른 속도로 확장됨에 따라, 말레이시아 국민경제는 농업경제에서 산업경제로 변화하였다. 구체적으로 보면, GDP에 대한 1차 산업의 기여도는 1970년 31.4%를 기록하였는데, 1990년에는 18.7%로 줄어들었으며, 2000년에는 10.0%로 더욱 감소하였다. 이에 비해, 2차 산업의 기여도는 1970년에 23.3%, 1990년에 40.2%, 2000년에 48.0%로 지속적으로 증가하였다. 동시에 산업화는 직업유형의 변화를 초래하였고, 농촌부문 노동력의 쇠퇴 및 2차 및 3차 산업부문에서의 노동력의 확장을 가져왔다. 정부의 통계에 의하면, 1970년에 농촌부문 종사자는 54.0%를 기록하였는데, 2000년에는 18.1%로 감소하였다. 반면 비농업 부문 노동력은 급속히 증가했다. 예컨대, 제조업 부문의 노동력은 1970년 8.7%에서 1990년 19.5%로, 2000년에는 24%로 증가하였는데, 이러한 증가추세는 1971~90년 기간 동안 연평균 10.3%의 성장률에 해당한 것이었다. 또한 서비스 부문의 노동력은 1970년 32.5%에서 2000년 44%로 증가하면서, 1971~90년 기간 동안 연평균 7.6%로 성장하였다.

둘째, 지난 30년간 급속한 도시화는 말레이시아를 농촌사회에서 도시산업사회로 급속히 전환시켰다. 1970년 1억 4백만 인구가운데 26.7%가 도시에 거주했는데, 오늘날에는 대략 60%의 인구가 도시에서 생활을 하고 있다. 예전부터 존재했던 마을들은 도시로 탈바꿈하였고, 동시에 새로운 광역도시와 소도시들이 건설되었다. 전화 및 인터넷 등의 커뮤니케이션망 뿐만 아니라 고속도로, 도로, 항공교통수단을 포함한 튼튼한 기간산업으로 인해 농촌과 도시를 연결하고 있으며, 이러한 기간산업의 확충은 도시문화가 곧 바로 농촌문화에 확산될 정도에 이르고 있다.

셋째, 1971~90년 동안 말레이시아 경제는 연평균 성장률 6.7%를 기록하였으며, 특히 최근 1991~96년 기간은 연평균 8.6%의 높은 성장률을 보이고 있다. 이에 따라, 말레이시아의 GDP는(1978년 물가로) 그 기간 동안 215억 링기트(RM, 말레이시아 화폐 단위)에서 1,407억 링기트로 약 7배 가량 증가하였다.[8] 이러한 고속 성장은 단순히 물량적 성장에만 그치지 않고, 사회적으로 중요한 진전을 수반했다. 즉 절대적 빈곤율이 대폭 줄어들었고, 1970년대 후반부터 1990년까지 민족집단간 그리고 계급간의 소득불균형이 축소되었다. 그리고 빈곤률은 1970년 51.2%에서 1997년 6.8%로 떨어졌고, 가난한 가구의 수치는 같은 기간 동안 일천 백만 가구에서 3십 4만 6천 가구로 줄어들었다.

넷째, 말레이시아의 발전과 변화는 중산층(middle class)을 비롯한 새로운 행위자를 탄생시켰다.[9] 이 글의 초반부에서 이런 계급들의 기초가 20세기에 들어서면서 이미 존재했다고 언급했지만, 이들 계급의 성장은 최근의 현상이라 할 수 있다. 말레이인들 역시 말레이 중산층의 형성과 확대를 가져온 사회적 변화를 경험해 왔다. 초기의 말레이의 중산층이 주로 소수의 공무원 및 교사들로 구성된 소규모 계층이었다면, 오늘날 신흥 중산층은 사적 부문과 국가 부문에서 일하는 경영자와 전문가 집단들로 이들 집단은 지난 30년간 말레이시아의 대도시와 소도시에서 꾸준히 성장하여 왔다.

이러한 말레이시아 사회에서의 중상층의 성장은 국가의 정책과 밀접한 관련을 지닌다. 말레이인과 기타 원주민들(Bumiputera)을 배려한 NEP의 차별폐지정책 프로그램은 비(非)부미푸트라 사회집단(non – Bumiputera)의 상당한 반발을 초래하였다. 대부분의 비(非)

---

8) Shari Ishak and Abdul Rahman Embong, "Rapid Participatory Assessment of the Social Impact of the 1997 Financial Crisis in Malaysia," Report submitted to the United Nations Development Programme(UNDP) in 1998, Asia – Pacific Office, Kuala Lumpur.

9) Abdul Rahman Embong, "Social Transformation, the State, and the Middle Classes in Post – independence Malaysia." *Southeast Asian Studies* 34:3, (December 1996), pp. 56 – 79.

부미푸트라 집단들은 국가의 차별폐지정책을 적극적으로 수용하기보다는 마지못해 따라가는 수동적인 태도를 보였다. 특히 중국계 이주민들의 반발은 상당했는데, 1970년대 후반과 1980년대에 중국인 자본의 해외 유출 및 중국계 전문가들의 해외 이주 등의 형태로 노골적인 반발이 표출되었다. 그러나 국가는 전반적으로 시장 우호적이었으며, NEP의 행동강령을 실천할 때조차 시장 확장적 태도를 취했던 까닭에, 부미푸트라의 보호를 강조하는 NEP의 행동강령은 말레이시아 이주민 집단들이 자본가 계급 및 중산층으로 성장하는 것을 막지는 못했다. 자본주의의 급성장은 경제적 강자인 중국인 공동체에게 자체 중산층을 형성시키고 확장시키는 기회를 제공했다. 특히 1980년대 후반이래, 꾸준한 경제성장과 더불어 정부의 교육과 문화정책의 자유화는 비-말레이인들의 분노를 서서히 누그러 뜨렸다. 즉 예전에 해외로 이주했던 많은 전문가들을 다시 말레이시아로 되돌아오기 시작하였으며, 협동과 동의라는 새로운 사회적 분위기가 조성되기 시작하였다. 그 결과 중산층이 주로 중국인이었던 1970년대 이전과는 달리, 현재 말레이시아의 중산층은 다민족으로 구성되어 있으며, 그 가운데 말레이인들이 대다수를 차지하고 있다.

마지막으로, 지난 30년 간의 급속한 근대화는 사회·종교적인 영역에서의 불확실성과 쟁점들을 낳았다. 즉 주요 종교들의 신자들-이슬람교, 불교도, 힌두교인, 기독교인, 도교인 등-사이에서 종교적 사회운동 현상이 등장하였다. 이들은 서구화를 기반으로 하는 근대화(modernization)와 지구화(globalization)에 반대하였는데, 특히 이슬람운동은 종족간 관계(inter-ethnic relations), 시민들의 일상적 삶, 나아가 국가정책과 권력투쟁에 중요한 영향을 미쳤다. 사실, 일부 이슬람주의자 집단들은 그들만의 교육기관 및 의료기관, 그리고 여타 자체 기관들을 설립하여, 이슬람

교의 이름으로 자신들의 공동체 설립을 독자적으로 강구하였다. 마하티르 박사의 지도 아래 집권 정당연합체인 국민전선(BN)[10]은, 스스로를 '온건주의자'와 '이슬람 근대주의자'로 부르면서, 이슬람화 정책(Islamization policy)을 입안하였다. 그 과정에서 이슬람 은행, 이슬람적 행정, 이슬람 교육기관(예: 국제 이슬람 대학) 등이 설립되거나 도입되었다. 이 모든 것들은 국가와 사회에 있어 종교적 권위와 역할을 증가시키는 결과를 초래하였다. 이러한 종교운동이 정치에 미친 영향은 대단하였다. 1982년 이슬람 청년운동의 카리스마적 지도자인 안와르 이브라힘(Anwar Ibrahim)을 UMNO와 집권연합체 BN으로 영입한 사건은 이슬람 부활운동의 흐름을 저지하려는 시도로써 일종의 정치적 쿠데타로 간주되었다. 그러나 1998년 9월 2일 안와르의 결정적 승리, 즉 주요 야당들과 NGO들이 참가한 '레포르마시' 운동(Reformasi Movements, 개혁운동)의 성장은 이슬람 부활운동 세력 및 이슬람 국가수립을 목표로 하고 있는 PAS(Parti Islam SeMalaysia, 범 말레이시아 이슬람 정당)과 UMNO를 더욱 더 갈등적 관계로 치닫게 하였다.[11]

---

10) [편집자 주] '국민전선'으로 번역되는 BN(Barisan Nasional: National Front)은 14개 정당의 연합으로 구성된 집권연합정당체를 의미한다. BN을 이끌며 사실상 집권당의 역할을 하고 있는 정당은 UMNO이다. UMNO는 1957년 말레이시아 독립이후 모든 선거에서 승리하며 오늘날까지 정부를 구성하여 왔다.

11) [편집자 주] PAS는 그 뿌리를 UMNO에 두고 있지만, 1950년대 UMNO 지도부의 세속적인 경향에 저항하며 종교지도자들 주심으로 이슬람에 기반한 정당으로 분리하여 나온 정당이다. PAS는 자신들만이 정통 이슬람에 기반한 정당이며, UMNO는 세속적인 정당으로 단지 이슬람을 정치적 목적을 위해 이용하는 정당이라고 비난해 왔다. 반면에, UMNO는 PAS의 정책들을 종교적 극단주의로 표현하면서, UMNO만이 말레이인의 종교인 이슬람의 우위를 보장하는 동시에 다른 종족들의 이익과 종교를 함께 보호할 수 있는 정치세력임을 주장해 왔다.

V. 1997~98년의 위기와 정치적 상황

최근의 사건들이 보여준 것처럼 1997~98년 아시아의 재정 및 경제위기는 국민들의 삶뿐만 아니라 정치체계 및 정치과정, 그리고 정치지도자들에게 심각한 영향을 미쳤다. 위기의 파장은 실업의 증가, 소득의 감소, 저축의 하락, 생계비용의 급증 등 많은 사람들의 삶의 질이 저하되고 나아가 새로운 빈민층을 창출할 만큼 사회·경제적으로 매우 광범위하고 심각한 것이었다. 뿐만 아니라, 위기가 만들어 낸 정치적 충격 역시 사회·경제적 여파에 상응할 정도로 심각한 것이었다. 경제 위기는, 정치문화의 급속한 변이와 더불어 보다 근본적인 사회적 변화와 정치적 민주화의 필요성을 일깨워 주었다.

그럼에도 불구하고 말레이시아 정부는 변화의 필요성에 대해 매우 둔감함을 보여 주고 있다. 다시 말하면, 말레이시아의 민주화 과정과 사회적 변화의 과정은 매우 느리고, 때론 뒤얽혀 지체되는 현상을 보이고 있다. 왜 말레이시아가 이러한 문제들에 직면하게 되었는가에 대해 효과적으로 접근하기 위한 한 가지 방법은 말레이시아가 경제위기에 노출된 정도, 정부의 정책적 대응, 정치문화적 특징, 정치사회의 대립의 정도를 살펴보는 작업일 것이다.[12]

우선, 말레이시아에서 위기는 한국, 인도네시아, 타일랜드와 비교해 볼 때 아주 심각한 것은 아니었다. 1997~98 위기에도 불구하고, 빈곤률은 1998년 대략 8.0%로 다소 상승했지만 2000년경에

---

12) Abdul Rahman Embong, "The Political Dimensions of the Economic Crisis in Malaysia," in Abdul Rahman Embong and Juergen Rudolph, eds., *Southeast Asia into the Twenty First Century: Crisis and Beyond*, (Bangi, Malaysia: University Kebangsaan Malaysia Press, 2000).

는 절대적인 빈민 가구수가 대략 3십 2만 3천 명으로 떨어지면서 빈곤률은 6.0%로 다시 떨어졌다. 정부는 인적자원의 질을 향상시키기 위해 건강과 교육에 상당히 많은 비용을 지출하여 왔으며, 현재에도 많은 예산을 투입하고 있는 실정이다. 사회의 번영이라는 장기적 목표와 더불어, 말레이시아 정부는 경제위기의 단기적 여파인 경기침체와 그 사회적 여파를 완화하는 단기적 처방에 전념하였다. 보건 및 교육 예산을 포괄하는 1998년 사회복지예산은 1997년의 수준에 머물렀고, 정부 총지출의 감소에도 불구하고 빈곤타파 프로그램을 위한 정부지출은 삭감되지 않았다.[13] 그리고 도시빈곤문제를 포함한 사회 전반에 거친 빈곤 퇴치의 중요성은 2001년 4월 23일 의회에 상정된 제8차 말레이시아 계획(2001~2005)에서도 재차 강조되었다.

말레이시아의 정치적 지배세력은 민주주의와 민중주의, 그리고 독재적이지만 기민한 리더쉽의 미묘한 결합으로 그 정치적 견고성을 더욱 강화하고 있다.[14] 일부 분석가들이 마하티르를 인도네시아 수하르토(Suharto)와 같은 강력한 지도자로 비유하는 경향이 있는데, 마하티르는 결코 수하르토가 아니다. 비록 마하티르가 수하르토처럼 대기업가들과 친하고, 자녀들이 기업활동에 깊은 관련을 맺고 있기는 하지만, 그는 수하르토와는 질적으로 다른 정치지도자이다. 수하르토는 이른바 "KNN"(공모, 부패, 족벌주의: collusion, corruption, and nepotism)으로 알려진 더러운 수단을 통해 일종의 '가족제국'(family empire)을 구축했는데, 이 점에서 마하티르는 수하르토와는 전혀 다른 인물이다. 1997년 7월 경제위기 직

---

13) Shari Ishak and Abdul Rahman Embong, "Rapid Participatory Assessment of the Social Impact of the 1997 Financial Crisis in Malaysia."

14) Harold Crouch, *Government and Society in Malaysia*, (NSW: Allen & Unwin, 1996); Boo Teik Khoo, *Paradoxes of Mahathirism: An Intellectual Biography of Mahathir Mohamad*, (Kuala Lumpur: Oxford University Press, 1995).

전, 마하티르는 정치적 성공의 절정을 경험하고 있었다. 그는 말레이시아 경제를 성공적으로 산업화시킴으로써 말레이시아를 국제적으로 부각시킨 국가 영웅으로 인식되었으며, 또한 그는 제3세계의 중요한 연설가로서, 그리고 서구에 대한 노골적인 비판가로서의 명성을 얻었다. 마하티르 독재적인 방식과 사유화 정책을 비난하는 자들조차도 그의 말레이시아 국민경제에 대한 그의 업적을 인정할 정도였다. 사실, 경제위기에 봉착한 나라들이 경기제복을 위해 잇달아 국제통화기금(IMF)의 처방과 기획에 굴복하고 있을 때, 마하티르는 지구화(globalization)는 새로운 형태의 식민주의라고 비판하면서 IMF의 제의를 거부하였다. 그 대신, 마하티르는 비정통적인 선별적 자본통제 조치를 위기 대처정책으로 채택하였다. 마하티르의 정책은 이후 말레이시아의 경기회복에 긍정적인 효과를 가져온 것으로 입증되었으며, 이러한 정책을 통해 마하티르는 말레이시아를 IMF와 국제통화 투자자들로 상징되는 제국주의적 촉수로부터 보호할 수 있었다.

경제발전과 더불어 성장한 '유순한' 중산층은 집권연합체인 국민전선(BN)을 옹호해 왔다. 말레이시아 사람들에게 중산층의 등장은 새로운 현상으로, 이 계층은 지난 30년간 사회적 신분 상승을 경험한 제1세대이다. 성장기에 양산된 '발전주의' 이데올로기는 다양한 계급들 특히 중산층에게 보이지 않는 영향을 미쳤다. 한편으로는 발전과 성장의 강조는 종족(ethnicity)의 사회적 의미를 탈색시켰으며, 다른 한편으로 개개인의 관심을 정치로부터 소비주의로 이동시키는 효과를 가져왔다. 그 결과, 중산층은 보수적인 경향을 띠게되었고, 변화보다는 오히려 현상유지를 지지하는 경향을 갖게 되었다. 이러한 '발전주의' 이데올로기의 영향으로 인해 최근 집권연합체인 국민전선(BN)은 국민들(특히 비말레이인)로부터 계속적인 지지를 받을 수 있었다.

　최근 이념적 조직적 측면에서 종족에 기반한 정치를 뛰어 넘으려는 일부 시도가 있었지만, 말레이시아 정당들은 여전히 종족성에 그 지지 기반을 두고 있다. 인구 대다수가 말레이인임에도 불구하고, 그들은 독자적으로 말레이시아를 통치하지 못하였다. '협의정치'(consociational politiscs)를 토대로 국민전선(BN)의 MCA, MIC, 그리고 대략 10여 개의 다른 정당과 UMNO가 정치적 파트너 관계를 맺어 왔다는 사실은 이러한 사실을 잘 대변해 준다. 비록 긴장과 갈등이 존재하지만, 협의정치의 틀은 민족적 이질성으로 인한 갈등과 분규가 공개적으로 확산되는 것을 막아주는 역할을 수행해 왔던 것이다.

　국민전선(BN)이 내부적으로 긴장과 모순을 안고 있듯이, 야당 또한 유사한 문제로 골치를 앓고 있다. 범말레이시아 이슬람당(PAS)을 비롯한 민주행동당(Democratic Action Party; DAP), 말레이시아 인민당(PRM, Parti Rakyat Malaysia), 그리고 국민정의당(Parti Keadilan Nasional) 등을 구성원으로 형성된 야당연합 역시 종족적 차이와 이데올로기적 차이 때문에 제약을 받을 수 밖에 없었다. 이러한 구조적 제약은 모든 정당들이 사회변화와 민주화에 대한 모든 시대적 요구들에 대해 일차적으로 그것이 종족적 관계에 미치는 영향을 고려해야 하며, 특정 종족공동체에 호소하면서 또 다른 종족공동체를 소외시키지 않도록 주의를 기울여야 함을 의미한다. 범말레이시아 이슬람당(PAS), 민주행동당(DAP), 말레이시아 인민당(PRM) 등 야당들 사이의 연합 시도는 종족적, 종교적 차이로 인해 초기 단계에서부터 어려움이 많았다. 그러나 그러한 어려움을 극복하고, 대안전선(Barisan Alternatif)이라 불리는 야당연합이 1999년 11월 총선거 직전에 형성되었다. 그럼에도 불구하고, 총선 직전의 대안전선은 유능한 국민적 지도자, 통합된 조직틀, 대중을 사로잡을 만한 공통적인 상징을 가지고 있지 않았다. 더욱이 총선

이후의 행보에 대해 민주행동당(DAP)와 국민정의당(Keadlian) 사이에 극심한 갈등이 표출되었고, 나아가 국민전선(BN) 정부는 일부 국민정의당 지도자들을 억압하고 체포하기도 하였다.

Ⅵ. 민주적 공간의 확장과 변화에 대한 전망

오늘날 민주화와 관련하여, 주요 관심사 중의 하나는 어떻게 민주적 공간을 확장하고 의사결정과정에 시민들의 참여를 확보하는가에 관한 것이다. 이미 언급하였지만, 말레이시아 정치체계는 민주주의적 제도를 갖추고 있지만, 권위주의적 조치와 실행들이 진정한 민주주의의 구현을 가로막고 있다. 민주주의는 말레이시아의 지속적인 진보를 위해 매우 중요한 필수조건이다. 말레이시아의 의회민주주의가 제대로 작동하기 위해서는 민주적 제도들은 말레이시아 사회의 구체적인 조건들과 결합되어야 한다. 한편으로 '점증하는 권위주의적 통치 행태 때문에, 다른 한편으로 정치 문화, 계급, 종족적 요소가 매우 복잡하게 뒤얽혀 있는 관계로, 말레이시아의 민주화는 지체되어 왔다. 말레이시아 정치의 기본틀은 종족적 요소에 기초한다. 정당들은 특정 종족의 정치적 지지에 기반하고 있으며, 정당들의 활동은 종족적 이해관계와 밀접한 관련을 지니며 진행된다. 이러한 종족들간의 협의체적 정치구조는 종족간 평화를 달성하고 정치적 안정을 유지하는데 성공적인 것처럼 보이지만, 그 체계는 끈임 없는 긴장과 모순 속에 기반하고 있다. 독립 이후 정기적으로 치뤄지는 선거들은 민중들이 정치지도자와 정부를 선택하는 중요한 민주적 기제임에 틀림없다. 그러나 민주주의란 형식적인 의회제도와 선거를 시행하는 것 이상을 의미한다. 민주주의란 민중들의 참여를 보장하는 사회제도의 민주화를 통해 삶의 기준과 질을 성취할 권리를 민중들에게 부여하는 것이다.

최근 말레이시아의 상황은 새로운 정치의 도래, 진정한 민주주의로 향한 변화로 해석할 수 있는가? 결론에 앞서, 나는 민주화와 관련하여 주목할 만한 몇 가지 중요한 새로운 진전들에 대해 언급하고자 한다. 발전의 정치학 혹은 '발전주의' 이데올로기에도 불구하고, 중산층 사이에서 새로운 형태의 결사체 및 이익 표출 현상이 등장하고 있으며, 국가-시장-시민사회의 적절한 균형에 대한 새로운 개념이 제기되고 있으며, 나아가 새로운 정치문화가 조성되고 있다는 점이다. 종족을 가로지르는 중산층의 확장은 시민사회 또는 비정부조직(NGOs)과 인터넷을 포함한 다양한 형태의 미디어의 확산을 수반하고 있다. 이들은 국가의 강화와 시장의 확대에 다양하게 대응하고 있다. 이들이 벌였던 투쟁들은 민주적 공간의 확장, 인권의 존중, 여성·어린이·노인을 비롯한 소수자 권리의 확보, 소비자 권리보호, 그리고 환경보호 등을 포함하고 있다. 시민조직들의 출현은, 민주적인 정당 및 민중적 지식인들과 더불어, 종족적이고 종교적인 편협성을 뛰어 넘는 새로운 연대의식을 불러 일으켜, 민주적 공간의 화장과 시민사회의 성장에 기여하고 있다.

중산층 가운데 특히 의식화된 그리고 정치화된 말레인들의 출현은 매우 중요한 의미를 지닌다. 중산층 말레이인의 성장과 확장은 1998년에 발생한 안와르 아브라힘의 개혁 요구에 힘은 바 크다. 그는 부패와 족벌주의의 종결을 요구하면서, 사회적 정의, 민주주의, 투명성, 효율적 관리 등을 주창하였다. 이 과정에서 안와르는 마하티르의 통치에 공공히 도전하였고, 그의 개혁운동은 많은 중산층 말레이인들을 포함한 수만 명의 지지자들을 마하티르의 사임을 요구하는 집회와 시위에 참여하도록 동원하였다. 안와르의 개혁운동은 마하티르의 통치에 반대하는 유례 없는 상황을 촉발시켰고, 말레이시아에서 새로운 형태의 다종족정치(multi-ethnic politics)의 탄생을 예고하였다.15)

말레이 중산층을 포함해 민중들의 정부에 대한 불만과 저항적 태도는 1999년 11월 총선거에서 여실히 드러났다. 선거에서 집권 연합체인 국민전선(BN)이 하원 193석 가운데 148석을 확보했는데 성공했으나, 그들의 전통적인 지지기반인 말레이인 유권자로부터 과반수 이상의 지지를 획득하는데 실패하였다. 이 역사적인 선거에서 야당 연합체인 대안전선(BA, Barisan Alternatif)은 42개의 의석을 차지했는데, 그 가운데 PAS 계열이 27명, Keadilan 계열이 5명, DAP 계열이 10명이었다. 총 의석의 2/3를 차지했음에도 불구하고, 국민전선(BN)은 일반투표에서 고작 56.5%의 지지율을 얻은 반면에, 대안전선(BA)은 40.1%의 지지율을 확보하였다. 구체적으로, 국민전선은 전통적으로 PAS의 강세지역인 끌라딴(Kelantan)주를 쟁취하는데 실패하였고, 석유가 풍부한 뜨렝가누(Terengganu)주를 PAS에 상실하였으며, 전체적으로 말레이인이 밀집된 지역구 32개를 잃었다. 또한 국민전선은 패락(Perak), 스랑고(Selangor), 쿠알라룸푸르에서 뿐만 아니라, 끄다(Kedah)주 의석의 거의 1/3을 대안전선에 넘겨주어야 했다.

중산층이 가장 많이 관심을 가졌던 쟁점중의 하나는 권력남용과 권위주의의 등장이다. 특히, 최근 들어 가장 문제가 되고 있는 것은 정부가 국내보안법을 정치적으로 악용하고 있다는 점과 사법권을 남용하고 있다는 점이다. 행정부와 사법부 간의 권력분립을 둘러싼 정치적 갈등은 1988년 5월 대법원장 툰 샬레 압바스(Tun Sallleh Abbas)의 해임 이후 현저하게 약화되는 경향을 보였다. 그로부터 10년 이후인 1998년, 법정은 안와르 이브라힘에게 부패

---

15) Chandra Muzaffar, "The Anwar Crisis: Political Culture and Democracy." (http://www.jaring.my/just/Polcult.html).

와 동성애 죄로 15년형을 선고하는데, 이 사건을 계기로 사법부의 독립성은 다시 논란의 대상이 되었다. 이러한 논란은 사법부의 독립성에 대한 대중적 믿음을 침식시켰고, 2000년 12월 20일 말레이시아 연방법원의 신임 대법관인 압둘라(Tan Sri Mohamed Dzaiddin Abdulla)는 이 사실을 인정했다. 언론과의 특별 인터뷰에서, 그은 사법부에 대한 대중들의 믿음은 거의 사라져가고 있으며 자신이 다음 2년 동안 그런 손상을 만회하기 위해 해야할 일이 많다고 인정했다.[16]

요컨대, 지난 수년 기간 동안 발생했던 일련의 사건들은 국민전선(BN) 정부가 신뢰성의 위기에 직면하고 있다는 것을 보여준다. 사법부, 경찰, 선거위원회, 부패방지위원회와 주요 언론매체들 같은 공적 기관들에 대한 도덕성에 대한 대중적 회의는 국민전선 정부를 수세로 몰아 갔다. 이와 관련하여, UMNO 내부에서 조차 마하티르의 리더쉽에 대한 반대 의견들이 개진되고 있다. 다른 한편, 다종족 민주정치의 기치 아래 공동 투쟁을 약속한 대안전선(BA)의 야당들, 그리고 새로운 정치를 요구하는 NGO와 지식인들의 등장하여 말레이시아의 새로운 정치를 주창하고 있다. 이러한 사태의 진전은 궁극적으로 말레이시아의 정치가 다종족적 양대 연합체계로 재편될 것임을 예고한다.[17]

그러나 말레이시아 정치적인 사정은 다소 복잡하다. 안와르의 사건은 야당들과 NGO들의 정의와 민주주의에 대한 기존의 개혁운동을 다시 촉발시킨 반면, 변화를 요구하는 이들 그룹은 조직적으로 파편화되어 있고 대안전선(BA)의 다종족적 정치적 동원의 아

---

16) The Star, (December 22－23, 2000).

17) Abdul Rahman, Embong, "The Political Dimensions of the Economic Crisis in Malaysia." in Abdul Rahman Embong & Juergen Rudolph, eds., *Southeast Asia into the Twenty First Century: Crisis and Beyond,* (Bangi, Malaysia: University Kebangsaan Malaysia Press, 2000).

직 초기 단계에 머무르고 있는 실정이다. 더욱이 말레이시아에서 정치발전의 의미는 간단히 민주주의와 시민사회의 발전에 찬성하느냐 혹은 반대하느냐로 등식화되지 않는다. 왜냐하면 변화를 요구하는 세력들 사이에 그 변화의 방향과 내용이 집단들마다 각기 상이하기 때문이다. 일부는 민주주의를 촉구하고 시민사회를 확장시키는 것을 변화의 핵심으로 보는 한편, 다른 일부는 현 지도부에 대한 최소한의 조정 및 개혁을 변화의 핵심으로 보고 있다. 이는 변화에 대한 모든 요구들이 민주주의와 시민사회의 확장을 원하는 것이라고 판단할 수 없으며, 또한 현 정치질서를 유지해야 한다는 일부의 주장이 반드시 권위주의를 지지하는 것이라고 해석할 수도 없음을 의미한다.

현 말레이시아의 정치문화는 매우 역동적이며 변화의 와중에 있다. 말레이시아인들은 현재 인터넷과 다른 매체들을 통해 일상적으로 외부세계와의 접촉을 하고 있으며, 이러한 과정은 말레이시아인들에게 국내와 국외의 상황에 대한 비교적 시각의 형성을 가능하게 하고 있다. 그 결과, 말레이시아의 정치문화는 민주주의와 인권과 같은 이슈에 지속적으로 노출되면서 상당한 영향을 받고 있으며, 국민들은 더 많은 정치참여를 요구하면서 민주화를 촉구할 것이다.

국민전선 정부는 이러한 압력에 반응하면서 자신의 정당성을 재구축 하고자 노력하고 있다. 이와 관련하여, 최근 의회에 제출된 두 가지 중요한 문건은 "제3차 개괄적 전망계획"(2001 – 2010)과 "제8차 말레이시아 계획"(2001 – 2005)이다. 두 가지 문건 모두 지구화와 개방화에 직면해 향후 5~10년 기간 동안 어떻게 말레이시아 경제가 지속적 성장과 경쟁력을 획득하는 가에 대한 전략적 목표를 다루고 있다. 동시에 종족들간의 소득 불평등의 완화를 표명하고 있으며, 절대 빈곤율을 2005년까지 0.5%로 줄이는 것을 목표로 하고 있다. 이러한 이슈는 모든 말레이시아 인들에게 절실한 것임에 틀림없다.

인권 이슈의 측면에서 볼 때, 1999년 9월 의회가 통과시킨 법안을 기반으로, 2000년 4월 정부는 '말레이시아 인권위원회'(SUHAKAM)를 설립하였다. 이러한 움직임은 말레이시아 정부가 대내외적 압력에 대처한 결과로 보여지는데, 인권위원회의 출범은 지난 수년간 말레이시아에서 민주주의와 인권을 위해 싸워왔던 사람들은 물론이고 일반 말레이시아 인들에게도 큰 반향을 일으켰다. 지금까지 인권위원회는 인권 위반사례를 NGO와 개인들로부터 접수받았고, 인권위원회의 개입을 촉구하는 수 백 개의 비망록을 접수하였다. 2001년 4월 의회에 제출했던 연례보고서에서, 인권위원회는 인권을 침해한다고 생각되는 국내보안법, 출판법 등 여타의 억압적인 법령을 재검토할 것을 제안하였다. 이에 대해, 인권위원회와 일부 정부고위각료들 사이에 현저한 의견 차이가 노출되었는데, 정부측은 인권위원회의 권고 사항이 반듯이 실행되어야 할 법률적 의무를 지닌 것은 아니라는 입장을 취하였다. 그럼에도 불구하고, 말레이시아에서 인권과 민주주의를 수호하겠다는 인권위원회의 확고한 입장은 말레이시아 인들의 인권과 민주주의에 대한 자각심을 확실히 고취시킬 것이며, 민주화 과정에도 크게 기여할 것으로 보인다.

타이완: 민주화, 민주주의 공고화, 그리고 인권

천춘흥
(Chen Chun – Hung)*

I. 서 론

대부분의 아시아 나라들처럼, 타이완 역시 오랜 기간 동안 독재 정권에 의해 민주주의와 인권이 탄압되었다. 1947년부터 1987년까지 타이완은 국민당 정부의 계엄령 하에 있었다. 1987년 계엄령 해제 이후, 타이완은 자유화의 물결을 타기 시작하였으며 이른바 "민주주의의 제3물결"의 일원이 되었다. 1996년 국민선거를 통한 리덩후이(Lee Teng – hui) 대통령의 취임과 더불어 타이완은 보다 개방적이고 민주적인 제도로 이행하기 시작했다. 2000년 3월 민주진보당(DPP)의 대통령 후보였던 천슈이비옌(Chen Shui – bian)의 승리로 타이완 역사상 최초로 정당간 정권 교체가 이루어졌으며, 이와 더불어 민주주의의 공고화를 향한 발판이 마련되었다.

천 대통령은 그의 취임연설에서 인권 쟁점과 관련하여 국제 인권 기준을 준수하고, 독립적으로 국가인권위원회를 만들고, 그의

---

* 타이완 수초우 대학교 정치과학부 강사(Taiwan Soochow University).

공약을 실천하는 데 있어서 국제사면위원회와 국제재판관위원회 (International Commission of Jurist)로부터 자문을 얻겠다고 약속하였다. 이후 사회 전반에 걸쳐 인권과 관련한 논의가 진행되기 시작했으며, 인권담론은 마치 타이완 사회 전체를 사로잡은 것 같아 보였다. 이러한 분위기는, 타이완이 과거 오랜 동안의 권위주의적 지배와 국제적인 고립으로 인해 인권 의식이 매우 미흡했으며, 인권보호를 위한 제도적 장치가 매우 부족했음을 대변한다. 비록 민주화로 인해, 인권 상황이 지난 수년 동안 괄목할 만한 발전을 했음에도 불구하고, 타이완의 인권 영역은 아직도 많은 문제점을 드러내고 있다. 새 정부의 당면 과제는 과거의 인권 침해 상황을 시정하고, 앞으로 발생할 수 있는 인권 침해 상황에 대처하고, 인권 교육을 강화하여 인권에 대한 인식을 높이고, 국제인권운동단체와의 연계를 강화시켜, 인권을 보호하고 장려하는 장기적인 전략과 메카니즘을 구축해 내는 것이다.

1980년대 중반 이후, 타이완의 민주화에 대한 언급은 많았지만 타이완의 인권 상황은 그리 많은 주목을 받지 못했다. 더욱이 민주화와 인권 관계 그리고 두 변수간의 상호작용에 대한 논의는 거의 이루어지지 못했다. 이 논문은 타이완의 민주화와 민주주의 공고화 과정에서의 인권 상황에 분석의 초점을 맞추려고 한다. 그리고 비교적인 의미에서 타이완만이 갖는 특수성, 즉 인권 보호와 향상을 위한 토대가 거의 존재하지 않았던 관계로 타이완의 민주화는 인권 상황의 개선에 크게 영향을 미치지 못하고 있다는 점을 지적하려고 한다. 마지막으로, 지난 10년 동안 타이완이 경험한 민주화란 인권에 대한 가치와 규범들의 심화 및 확대 과정을 동반하지 않았다는 점을 지적할 것이다. 흔히 민주주의란 선거를 통해 국민이 지도자를 선택하는 것으로 단순화시키는 경우가 있는데, 이러한 시각은 '승자 독식'(winner-take-all) 사고방식에서 명백하게 드러난다. 이 경우, 선거에서의 승리는 선택된 지도자가 그의 재임 기간 중에 모든 규제에서 벗어날 수 있는 허가로 간주된다. 이러한 종류의 '선거민주주의'(electoral democracy)는 민주주의를 공허한 형식주의로 탈락시킬 뿐이며, 이점에서 인권의 토대가 부족한 타이완의 경우 그럴 가능성이 높다할 것이다. 그러므로 인권 보장을 위한 기본 토대를 어떻게 건설하고 민주주의의 진정한 본질을 어떻게 실현할 것인가의 문제는 민주주의의 성숙을 위한 주요한 과제이다.

Ⅱ. 인권과 민주주의의 이론적 연계

민주주의의 개념을 정의하기란 간단한 일이 아니다. 콜리에와 레비츠키(Collier & Levitsky)의 조사에 의하면, 민주주의의 "하위유형"(subtype)이 550가지 이상 존재한다고 한다.[1] 다양한 비교 연구를 보면 민주주의에 대한 대부분의 개념은 민주주의를 어떠한 사회적인 그리고 경제적인 요소로부터 분리된 정치권력 제도로서 정의하고 있다. 그러나 민주주의가 포함하는 정치적인 특성의 범위와 정도에 대해 이러한 개념들은 근본적으로 서로 엇갈리고 있다.[2]

주류적 입장에 있는 민주주의 이론 연구에 의하면, 민주주의란 정치적 방식이나 제도적 장치의 집합으로 간주된다. 예를 들어, 민

---

1) David Collier and Steven Levitsky, "Democracy with Adjectives: Conceptual Innovation in Comparative Research," *World Politics* 49:3 (April 1997), pp. 430－451.

2) Larry Diamond, "Is the Third Wave Over?" *Journal of Democracy* 7:3 (1996), pp. 20－37.

주주의에 대한 21세기 최고의 정의를 살펴보자. 이것은 슘페터 (Joseph Schumpeter)가 내린 정의인데, 그에 따르면 민주주의는 "(개인들이) 국민의 표를 얻기 위해 경쟁하며, 이러한 경쟁을 통해 공적 결정권을 획득하고 정치적 결정에 이르기 위한 제도적 장치"라고 한다.[3]

그러나 만약 우리가 민주주의를 이러한 방식으로 정의한다면, 민주화의 의미는 단지 비민주적 국가에서 자유민주주의 제도를 도입하는 의미 정도로 축소되고, 민주주의적 정치 방법에 대한 형식주의적인 설명에 그치고 말 것이다.[4] 그 결과, 우리는 사회 과정, 민주주의적 제도 그리고 정치 원칙과 실행들 사이에 있는 보다 폭넓은 관계를 꿰뚫어 볼 수 있는 통찰력을 잃게 된다. 민주화에 대한 무관심과 몰이해는 우리가 지금까지 민주주의와 인권의 관계적 의미를 이해하지 못했거나 간과했던 이유를 설명해 준다.

만약 우리가 민주주의를 순수하게 제도적인 관점에서 정의한다면, 즉 우리가 "민주 국가"라고 부르는 나라들이 우연히 갖게된 통치 제도들의 집합이라는 관점에서 정의한다면, '자유적', '다원적' 혹은 여타의 용어들과 반대되는 의미에서 그러한 나라들이 어떻게 처음부터 민주적으로 되었는지에 대한 설명을 제공하지 못한다.[5] 만약 이에 대한 답변이 우리가 민주주의 국가라고 부르는 모든 나라들이 우연히 갖게 된 제도들이라고 한다면, 마찬가지로 이러한 나라들이 애초에 왜 민주적이라고 불러야 하는가에 대한 질문을 다시 갖게 한다. 이를 설명하기 위해 우리는 이러한 제도들이 채택하고 있는 기본 원칙들이 무엇인지를 알아내야 한다. 민주

---

3) Joseph Schumpeter, *Capitalism, Socialism and Democracy*, (New York: Harper, 1947), p. 269.

4) Carole Pateman, "Democracy and Democratization," *International Political Science Review* 17:1 (1995), p. 7.

5) David Beetham, *Democracy and Human Rights*, (London: Polity Press, 1999).

주의의 핵심은, 비담(Beetham)이 옳게 주장한 바처럼, 집단적 의사결정에 대한 대중적인 규칙이나 통제로 구성되어 있다. 즉 민주주의 핵심은 시민들로부터 출발하는 것이지 정부의 제도로부터 시작되는 개념이 아니다. 그것은 두 가지 의미를 지니는데, ①모든 시민들은 시민사회 혹은 정부 참여를 통해 공적 사항에 대해 모두 평등하게 발언할 권한을 지닌다는 점, ②이러한 권한은 모두에게 평등하게 부여되어야 한다는 의미를 지닌다. 즉 집단 구성원 모두의 참여 하에 집단적 의사가 결정되어야 한다는 것 그리고 구성원들 모두는 이러한 의사결정과정에 참여할 동등한 권리를 가져야 한다는 것이다. 바로 (1)집단 업무에 대해 시민들에 의한 대중적 통제와, (2)이러한 통제를 실천하는 데 있어 시민들 사이의 평등이 민주주의 원칙의 가장 중요한 부분을 구성한다.[6] 일단 이러한 원칙들이 마련되었을 경우, 현대 국가에서는 무엇에 의해 이러한 원칙들이 효율적 작동하게 만드는 것일까? 이에 대한 답변은 두 가지로 양분된다.[7]

첫 번째 답변은 제도상의 장치를 들 수 있다. 이 장치들은 정부에 대한 대중적 통제를 보장하기 위해 필수적인 것들이다. 그러한 장치로서 경쟁적인 선거, 독립적인 방송매체와 사법부 그리고 대표적이고 책임성 있는 입법부 등이 있다. 이들 장치들은 정부에 대한 시민 대중적 통제를 확실히 확보하는 데 기여하는데, 바로 이러한 기여가 이들 장치들을 민주적으로 만든다. 이 원칙에 근거하여, 정부의 국민에 대한 책임 또한 중요하다. 책임은 사법부와 의회가 먼저 정부에서 독립하는 것을 바탕으로 한다. 사법부의 권한은—헌법을 방어하고, 죄의 유무를 결정하고, 위법을 처벌하는 권한—정부로부터 독립적이어야 하며, 의회의 권한—법률을 제정

---

6) 같은 책, p. 91.
7) 같은 책, pp. 91–92.

하고, 세금을 부과하고, 정부를 감사하는 권한 - 역시 정부로부터
독립적이어야 한다.

두 번째 답변은, 시민들이 그들의 권리를 효율적으로 행사하여
공무에 영향을 끼치려고 할 때, 이 밖에 어떤 다른 권리들을 보유
해야 하는가에 대해 생각하도록 한다. 이는 인권 의제(agenda)가 시
민적이고 정치적인 측면이 포함되어 있어야 한다는 것을 암시한다.
표현·결사·집회의 자유가 없을 경우, 국민들은 정부정책을 선택
하거나 시민단체들에 대해 자신의 목소리를 효과적으로 내지 못한
다. 그리고 개개인의 자유, 신변의 안전 그리고 정당한 법적 과정
에 대한 권리가 없다면 이러한 자유 또한 비효율적일 것이다. 그러
므로 민주주의 원칙이 실현되기 위해서는 이러한 모든 권리들을
보장해야 한다. 그리하여 민주주의는 독특한 정치제도 및 인권과
관련한 기본적인 시민적 요소와 정치적 요소를 바탕으로 한다. 인
권은 민주주의의 외래적인 요소이기보다는 본질적인 요소인 것이
다. 민주주의를 단지 정치제도의 집합으로만 정의하는 것은 제도
들을 민주적으로 만드는 기본 원칙을 무시하는 것일 뿐만 아니라
민주주의의 본질적 요소로서의 인권을 간과하는 것이다.[8]

민주주의를 이러한 방식으로 이해할 때, 보편적인 인권을 고려
하지 않는 민주주의는 그 자체가 모순이라고 할 수 있다. 다시 말
해, 인권을 보호하고 보장하는 것은 민주주의의 필수 요소들 중의
하나이다.[9] 노벨 평화상 수상자인 아웅산 수지(Aung San Suu Kyi)
는 다음과 같이 설명하였다.

> 진정한 민주주의의 핵심은 국민들에게 자신들의 나라의 통치과정
> 에 유의미하게 참여할 수 있도록 충분한 권한을 부여한다는 것이

---

8) 같은 책, p. 92.
9) 같은 책, p. 41.

다. 세계 인권 선언문의 30개 항목은 이러한 권한 부여를 목적으로 하고 있다. 이러한 권리가 없다면 민주주의 제도는 공허한 조개껍질에 불과할 것이다.[10]

Ⅲ. 반독재 투쟁기의 인권

앞서 살펴보았듯이, 인권은 민주주의에 있어서 없어서는 안될 요소이다. 인권을 민주주의 원칙의 일부로서 묘사했지만, 이제 이 핵심적인 개념을 타이완의 민주화과정을 분석하는 데 활용할 것이다.

타이완은 오랫동안 식민통치와 독재정권의 멍에 아래 있었다. 과거 독재가 횡행하던 시절에는 인권의 침해 사례가 비일비재하였다. 국제적으로 인권 쟁점이 보편화되기 시작한 것은 2차 세계대전 이후였다. 타이완의 역사에 운명적인 전환점이 닥친 것도 이 시기에 들어서였다. 식민세력 중의 하나였던 일본은 1945년 타이완에서 떠나갔다. 1949년 장지에스의 국민당 정권은 공산당에 쫓겨 중국대륙에서 타이완으로 도망왔다. 1949년 5일 20일, 타이완 수비대 사령관은 타이완에 계엄령을 선포했다. 이후 타이완은 1987년까지 무려 38년 동안이나 계엄령 하에 있었다. 여기에 준 - 레닌주의적 그리고 준식민지적 우파 정권인 장지에스 일당 독재의 형태의 정권이 들어섰다. 40년 동안 타이완은 문자 그대로 국민당의 계엄령 하에 있었다. 그러나 아이러니컬하게도, 이때 장총통의 정권은 국제연합(UN)의 일원이었을 뿐 아니라, 국제연합 안전보장이사회의 영구 회원이었다. 그러나 당시 국내에서 발생했던

---

10) Aung San Suu Kyi, "Freedom, Development, and Human Worth," *Journal of Democracy* 6:2 (1995), pp. 11 — 19.

일련의 사태는 타이완에서 인권의 위상을 함축적으로 대변하였다. 1947년 2월 세계인권선언이 있기 전, 국민당의 폭정으로 섬 전체에 걸쳐 항거가 발생했다. 국제인권선언이 모습을 드러낼 즈음, 타이완에서는 수천만 명이 이미 학살당했고, 뒤이어 국토정화사업은 또 다른 시기의 국가 테러리즘 개막을 준비하고 있었다. 1955년에 국가에 의한 테러리즘은 절정에 이르렀다. 이때 사망자의 수가 몇천 명 더 추가되었다. 그리고 수백 수천만의 사람들이 체포당하거나 테러를 당했다.

이렇게 기나 긴 국가 테러리즘의 기간 동안, 공포스럽고 또 한편으로는 어처구니없는 역설적인 일이 발생하고 있었다. 첫째, 국민당은 국제인권선언을 통과시키는 것을 도왔을 뿐 아니라, '대량 학살의 금지와 처벌에 관한 조약'에 정식으로 서명하고 이를 비준하고 기탁하였다. 또한 대량 학살법의 국내안(案)을 만들 정도로 위선적이었고 만용을 부렸다. 이것은 백색 테러가 절정에 이를 때인 1953년 타이완의 법률서에 실리게 되었다.

둘째, 국가에 의한 테러리즘은 1990년까지 끊이지 않고 지속되었다. 오랜 기간에 걸친 국가에 의한 인권 침해는 인간의 권리와 자유에 대한 인식을 철저히 짓밟았으며, 일본의 식민통치 규칙들보다 더 혹독하였다. 이러한 국가 테러리즘의 여파는 심각한 것으로, 약 10년 전까지만 해도 법학 교수들은 인권 문제를 회피하기 위해 최선을 다할 정도였다. 이러한 상황에서 인권 문화나 전통이 성장할 수 있는 여지는 거의 없었다.

타이완과 비슷한 역사를 공유하는 나라들이 있지만, 주목해야 할 사항은 타이완이 나름의 특이한 역사적 상황을 경험하였다는 점을 이해하는 것이다. 1971년 10월 타이완이 국제연합에서 축출당했을 때, 타이완은 국제인권 레짐으로 부터도 단절되었다. 1971년은 결정적인 시기였다. 1970년대 중반 두 개의 국제협약이 효력을 발생했고 이와 관련된 제도적이고 운영상의 메커니즘이 생겨났다. 당시만 하더라도, 타이완은 인권 쟁점에서 앞서 있었다. 1971년 타이완은 두 개 항목의 협약을 포함한 7개 항목의 인권서약에 서명을 하고 이를 비준하였다. 그리고 그 당시 '자유중국'으로 알려졌던 이미지를 더욱 빛나게 하였다. 그러나 서류들은 일단 서명이 끝나자, 그 잉크가 채 마르기도 전에 외무부가 자물쇠를 채워 보관하였다. 국제연합이 최초로 편찬한 인권 문서들이 1966년 발간되었고, 중국어가 지금과 마찬가지로 그 당시에도 국제연합이 공식어로 인정한 주요 언어들 중 하나였지만, 타이완은 사실상 다음 해 가을 NGO가 편찬한 책이 나오기 전까지 국제인권문서를 편찬하지 못할 터였다. 이러한 환경 속에서 타이완은 인권문제를 향상시키기에는 매우 빈약한 토대를 가질 수밖에 없었으며, 그 가장 큰 배경은 타이완의 국제인권사회로부터의 단절이다.

Ⅳ. 민주주의로의 전환기에서 인권

타이완의 자유화와 민주화는 1980년대 중반부터 시작되었는데, 특히 1987년 7월 계엄령이 해제되자 더욱 활기를 띠었다. 국내 및 국제적인 발전상 때문에 타이완은 소위 말하는 민주주의의 제3물결의 일부분이 되었다. 타이완의 경우에 특이한 사실은 집권당이었던 국민당이 민주화 과정에서 붕괴하지 않고, 몇 가지 정치적 양보를 통해 일정 기간 동안 여당의 위치를 유지할 정도로 빈틈이 없었고 운도 좋았다. 타이완은 '조용한 혁명'(Quiet Revolution)을 거쳤던 것으로 간주된다.

국민당의 정치적 양보는 복수(複數) 정당간의 경쟁을 허용하는 형태를 띠었다. 따라서 그것은 정당간 경쟁에 필요한 정치 과정의 개방을 전제로 하였고, 이는 다시 시민권 및 정치 참여권의 동결을 해제할 것을 요구한다. 당연히 국민당은 그 이상의 것을 양보하려고 하지 않았다. 반대세력의 움직임도 그 이상의 투쟁을 원하지 않았다. 인권의 전통이 결핍되어 있었기 때문에, 반정부운동의 배후에 독자적인 추진력은 거의 없었다. 그리고 그나마 남아있는 정치적 열정과 동기도 곧 선거 분위기에 흡수되고 소모되었다.

그러나 제한된 것이기는 하나 이렇게 얻어진 권리는 전혀 무의미한 것은 아니었다. 정치과정을 비교적 개방된 상태로 유지하는 데 도움이 되었으며, 나아가 시민사회가 성장할 수 있는 공간 창출에 기여하였다. 이를 바탕으로, 비록 산발적이고 비조직적 형태이지만, 다양한 시민운동들이 곳곳에서 권리와 자유의 향상을 위해 정부에 압력을 가할 수 있었고 대항할 수 있었다. 이러한 맥락에서, 타이완의 현 상태는 '자유민주주의'(liberal democracy)라기보다는 '선거민주주의'(electoral democracy)로 묘사할 수 있을 것이다. 인권이라는 관점에서 볼 때, 타이완은 민주화의 단계에 들어 섰다고 말할 수 있다. 그러나 그것은 슘페터 식의 선거민주주의이지, 결코 자유민주주의는 아니다.[11]

Ⅴ. 전환기의 유산

독재 정권에서 민주주의로의 '올바른' 전환을 희구하는 사회라

---

11) Chun-Hung Chen, "Human Rights and Democracy: Symbiosis or Antibiosis — The Critique of Illiberal Democracy," *Soochow Journal of Political Science* 11 (2000), pp. 101-146.

면, 과거 독재정권 하에서 인권침해 역사를 반드시 재고해야만 한
다. 그러면, 후임 정권이 선임 정권이 저질렀던 인권 남용에 대해
어떻게 대응해야 할 것인가? 특히 만약 식민통치 및 독재통치하에
서 서로 다른 경험으로 인한 종족적 갈등이 존재한다면, 후임 정
권은 '안정된 민주주의 질서의 창출'과 '전임 정권의 권력 남용에
대한 책임규명' 사이에서 어떠한 정책적 조치를 취해야 하는가?

앞서 언급했듯이 1949년부터 1987년까지 타이완은 38년 동안
계엄령 하에 있었다. 계엄령 제8항에 의하면, 군법정은 국가의 대
내적 안전을 해치는 죄를 포함하여 10가지 종류의 범죄에 대해 재
판권을 행사할 수 있었다. 국가의 대내외적 안전에 반하는 범죄는
1949년 6월 21일 통과된 '폭동교사 근절법'(Suppression of Sedition
Act)에 규정되어 있다. 또한 정부는 '공산주의자 반란 진압기간 동
안 간첩 행위법에 관한 법령'을 1950년 6월 13일 통과시켰다.

계엄령 기간은 국가에 의한 "백색 테러"의 기간이기도 하다. 이
는 수십 년 동안 국민당 정부가 타이완의 독립과 민주주의를 위한
활동가들을 무자비하게 짓눌렀음을 의미한다. 예컨대, 타이완에서
계엄령 초기 5년 동안 5,000~8,000명이 사형되었던 것으로 추정
되고 있다.[12]

1998년 6월 17일, '계엄령하의 간첩행위에 대한 부당한 판결에
대한 보상법령'이 제정되었다. 이 법에 따르면, 행정원은 보상 소
송을 검토할 기관을 설립해야 한다. 이 기관은 1998년 12월에 보
상업무를 개시하기로 예정되어 있다. 그러나 계엄령 보상법에 몇
가지 결점이 있었다. 특히 이 법령은 보상의 본질과 범위에 관한
사항과 법적 절차상의 문제로, 정부의 조치는 국제법이 정하는 의
무 기준에 미치지 못한 것이었다.

---

12) Taipei Municipal Documentation Commission, *White Terror in the 1950's: Survey and Research of Cases in the Taipei Area*, (1998).

1. 보상의 본질

무엇보다도, 계엄령 보상법에 사용된 용어에 문제가 있었다. 보상(補償, compensation)이라는 용어는, 배상(賠償, restitution)이라는 단어와는 달리, 잘못된 행위에 대한 배상이라는 의미가 함축되어 있지 않다. 이 단어는 과거 인권 유린에 대한 과오를 시인하는 것이라면 무엇이든지 회피하려는 정부의 의도와 일치한다.[13] 더욱이 배상의 목적은 희생자를 그 침해 전의 원래 상태로 되돌려 놓는 것이다. 반면 보상은 명목상의 금액만을 반영하며, 또한 계엄령 보상법이 제공하는 보상 계획은 국제법에서 그간 인정되어 왔던 보상에 대한 기준에 못 미치는 것이었다. 1985년 국제연합 정기회의에서 채택된 '권력 남용 범죄의 피해자에 대한 기본 원칙 선언문'의 19번째 항목에 따르면 국가는 "배상 또는 보상 그리고 필요한 물질적, 의료적, 정신적인 그리고 사회적 보조와 지원"을 제공해야만 한다.[14] 최근에 고려되고 있는 '인권 침해 희생자 배상에 대한 기본 원칙과 지침' 그리고 '국제인도주의법'(International Humanitarian Law)에 의하면, "배상은 침해의 정도에 비례해야 하며, 여기에 기인하는 손해는 배상, 보상, 사회복귀, 만족 그리고 보장이 포함되어야 한다"라는 것이 인정되고 있다.[15] 그러나 타이완 정부는 예나 지금이나 인권 침해 희생자 배상에 대해 국제법이 규정한 기준들을 이행하지 않고 있다.

---

13) 유사하게 이 법은 "부적절한" 문장들은 "잘못된" 문장들에 반대된다고 말하고 있다.

14) U.N. Doc. A/Res/40/34(1985년 11월 29일)를 보라.

15) 이러한 원칙들은 '소수민족 보호와 차별 금지에 관한 소위원단'의 이전의 특별보고서를 통해 초안이 마련되었으며, 현재 UN 인권 위원회가 재고 중이다.

2. 인권 침해를 조사하고 기소해야 하는 정부의 의무

1988년 미국 국제인권법정이 결정한 벨라스퀘즈-로드리케즈(Velasquez-Rodriguez) 판결에 의하면, 정부의 인권보장 의무를 (1) 인권을 보호하고, 인권 침해 사례를 (2)조사하고, (3)기소하고, (4) 보상해야 한다는 4중 의무로 규정하였다. 새로 제정되고 있는 국제법 역시 희생자의 "진실에 대한 권리" 또는 "알 권리"를 규정하고 있다. 국제법 전문가들은 이러한 의무들이 결코 개별적이거나 특수한 것이 아니고, 모든 사항에 적용되어야 할 보편적인 의무임을 인정한다.16)

인권세계선언과 '시민적·정치적 권리에 관한 국제규약'(ICCPR, International Covenant on Civil and Political Right) 역시 권리를 침해 당한 개인은 "효과적인 치유"에 대한 권리가 있다는 것을 제시하고 있다.17) 국제연합 인권위원회의 ICCPR에 대해 "유능한 기관은 부적절한 대우로 인한 불만을 철저히 조사해야 하며, 유죄가 확정된 사람들은 반드시 책임을 물어야 하고, 피해자들에게는 반드시 효과적인 치유를 제공할 수 있어야 한다"고 해석하고 있다. 그리고 이러한 인권 침해에 대한 조사·기소 의무는 미국의 국제인권법정, 유럽의 인권법정 그리고 국제연합의 인권위원회에서 잇따라 재확인되었다.

국제연합과 법정의 규정과 판례는 인권을 침해한 자들은 반드시 법정의 심판을 받아야한다는 것을 명백히 하고 있다. 국제연합은 각각 1993년, 1994년에 구 유고슬로비아와 르완다를 위한 국제

---

16) Juan Mendez, "Accountability for Past Abuses," *Human Rights Quarterly* 19:2 (1997), p. 263.

17) 세계인권선언 제8조와 '시민적·정치적 권리에 관한 국제규약' 2(3)을 보라.

범죄 재판위원회를 설립하였다. 2001년에는 국제 범죄 법정을 위한 법령이 채택되었다. 더군다나 1968년 국제연합의 '전쟁과 인권 침해 범죄의 법적 제한 부적용에 관한 협약'(Convention on the Non-Applicability of Statutes of Limitations to War Crimes and Crimes Against Humanity)에서 범죄가 매우 막중하다면 그것들이 저질러진 시기와 상관없이 기소될 수 있다는 것을 인정했다. 따라서 프랑스, 헝가리 그리고 폴란드와 같은 나라들은 1940년대와 1950년대 저질러진 범죄에 대한 관련자들에 대한 기소에 착수할 수 있었다.

이에 따라, 타이완의 NGO들과 희생자 가족들은 정부가 계엄령 기간 동안 저지른 권력 남용을 철저히 조사하고, 이러한 권력남용의 피해 사례가 발견되는 경우 책임이 있는 개인을 정의의 심판대에 올려야 한다고 강력히 주장했다.

3. 희생자의 진실에 대한 권리

1990년에 제정된 '아동의 권리에 대한 협약'(Convention on the Rights of the Child)의 제9조 4항에 의하면, 국가가 이산 가족의 발생에 책임이 있는 경우, 국가는 "요청이 있을 경우 반드시 이산 가족의 소재에 관한 핵심적인 정보를 제공해야 한다"고 규정하고 있다. 보다 최근에 1995년 국제연합이 개최한 한 전문가들의 모임(Meeting of Experts on Fights Not Subject to Derogation During State of Emergency)은 "진실에 대한 권리"가 "관습적인 국제법의 규칙"이 되었다고 인정했다. "진실에 대한 권리"가 국제사회에서 일반적 규칙으로 자리잡아 가고 있음은 최근 많은 나라들이 '진실위원회'를 설치하고 있다는 사실에서 명백히 드러난다.[18] 가장 최근의 예는 남아프리카의 '진실과 화해 위원회'(Truth and Reconciliation

Commission)이다. 이러한 위원회들은 과거 권력남용을 정확하게 기록하고, 과오에 대한 공식적인 인정을 촉구하는 역할을 수행한다는 점에서 매우 중요한 의미를 지닌다.

타이완의 경우, 1980년대 후반에 들어서야 비로소 시민단체들의 활동을 통해 과거의 인권 침해 역사에 대한 반성이 시작되었다. 그리고 1990년대 중반이 되어서야, 정부는 이 문제에 대해 제한적이나마 공시적인 조사에 착수하였다. 표면적으로, 지방정부에서 중앙정부에 이르기까지 기념비 및 박물관 건립 등 다양한 반응들이 있었다. 리덩후이 전 대통령이 희생자들에 대해 공식적인 사과를 하기 전까지, 희생자 가족들은 국민당 추종자들에 의한 테러 공포 속에서 살아야 했다. 2001년 '2·28 기념 행사'에서 천슈이비엔 대통령은 타이완 정부가 국제인권기준을 준수하고, 모든 희생자와 그 가족들의 명예를 회복시키고, 의료 보조를 받을 수 있게 하겠다는 약속을 했다.[19] 또한 그는 '2·28 사건'과 관련된 공문서를 공개하고 모든 학교 교과서에 사건의 진실에 대해 정확하게 기록할 것도 약속하였다. 천 대통령이 취임한 뒤 작년 5월에 설립된

---

18) 진실위원회를 설치한 다른 나라들로는 볼리비아, 아르헨티나, 우루과이, 우간다, 필리핀, 칠레, 차드, 독일, 엘살바도르, 르완다. 짐바브웨, 남아프리카 등이 있다. 독일의 경우 1949−1989년 사이 동독 공산주의 하에서의 인권 침해를 조사하기 위해 의회가 위원회를 설립하였다.

19) [편집자 주] '2·28 사건'은 장지에스 국민당 정부가 타이완 주민들을 대량 학살한 사건으로, 1947년 2월에 발생하였다. 1947년 2월 27일, 국민당 국가 전매국 직원이 담배의 밀거래를 단속하는 과정에서 담배를 거래하는 여성 행상에 상해를 입히고 구경하던 시민들을 살해하는 사건이 발생하였다. 다음날(2월 28일) 이 사건에 항의하기 위해 타이페이에는 대규모 항의시위가 있었는데, 장지에스 정부는 시위대에 대해 무차별 발포했고, 그 결과 많은 시민들이 사망하고 부상당하였다. 이 사건으로 인해 타이완 주민과 장지에스 정부간의 대립이 심화되었고, 장지에스 정부는 3월 8일 군대를 파견하고, 3월 10일 타이완에 계엄령을 선포하여 타이완 주민들을 억압하였다.

‘국가문서보존준비위원회’는 국내 48개의 공공기관으로부터 ‘2·28 사태’와 관련된 역사적인 서류들을 57,000건이나 수집하였다. 그러나 많은 문제들이 아직도 해결되지 않고 있는 형편이다.

첫째, 희생자의 가족들은 리덩후이 전 대통령과 천슈이비엔 현 대통령의 공식 사과를 받아 들였지만, 그들은 누가 테러에 대한 책임을 져야 하는지 아직도 모르고 있다. ‘2·28’ 학살과 계엄령 기간, 특히 백색 테러기간의 사건들에 관한 공식적인 문서들은 현재 국방부와 사법부와 같은 정부 기관들이 보관하고 있다. 두 대통령은 완전한 화해를 성취하기 위해서는 역사의 진실을 규명해야 하고, 그때 비로소 희생자의 가족들은 슬픔과 증오의 감정을 잊을 수 있을 것이라고 역설했었다. 이를 근거로 희생자와 유족들은 2·28 사건, 백색 테러와 ‘고웅 사건’(Kaohsiung Incident)에 관한 모든 기록들을 가능한 한 빨리 공개하도록 정부에게 촉구하고 있다.[20]

둘째, 서로 다른 역사적 경험과 정체성을 지닌 타이완 시민들 사이에는 문화적 그리고 정치적인 불안이 여전히 존재하고 있다. 과거 장개석 정부에 의한 테러에 대한 두 명의 타이완 출신 대통령(리덩후이와 천슈이비엔)들의 공식적인 답변은, 중국인의 의식을 가진 사람들의 시각에서 보면 일정한 경계선을 넘어서는 것으로 간주할 수 있다. 이 두 대통령들은 타이완이 중국으로부터 독립하고 분리해야 한다는 절대절명의 목표를 가지고 과거의 관리들을 처벌하여 타이완 식의 의식을 창조하려고 하는 것 같다.

따라서 과거 정권이 저지른 인권 침해들을 현 민주정부 하에서 어떻게 다루느냐 하는 것은 신생 민주주의의 운명에 지대한 영향을 끼칠 수밖에 없는 상황이다. 이러한 관점에서, 인권 침해의 유산이 새 민주정부에 어떠한 영향을 미치고 있으며, 과거 비극적인

---

20) 1979년에 Formosa Magazine의 설립자들은 민주주의 개혁을 옹호했는데, 정부는 고웅 사건에 연루되었다는 이유로 이들을 체포했다.

역사가 남긴 교훈이 민주주의로의 이행 과정에 어떠한 영향을 미쳤는지에 대한 분석이 필요하다. 나의 견해로서는 희생자들, 학자들 그리고 여타 관련 집단들로 하여금 계엄령 시기의 문서에 접근할 수 있게 정부가 허락해야 한다고 생각한다. 그리고 정부는 이 시기에 저질러진 인권 침해에 대해 공정하고 정확한 사실을 가려낼 '진실위원회'를 설치해야 할 것이다.

Ⅵ. 인권과 민주주의의 공고화

1996년 국민 직접선거를 통한 리덩후이 대통령의 선출로, 타이완은 형식적으로나마 개방 민주주의 체계로 이행했다. 그리고 2000년 5월, 민주진보당 대통령 후보였던 천슈이비엔의 승리는 타이완 역사상 최초로 정당간 정권 교체를 이룩하였다. 출범과 더불어, 새 정부는 인권 관련 프로그램들을 실행에 옮기기 시작했다. 그러나 새 정부가 인권 쟁점을 정부정책에 통합시키겠다고 공약했지만, 정부의 정책은, 인권보호의 명목으로 펼치는 구두 선언문과 기념 의례들을 제외하면, 과거 행정부와 크게 다를 바가 없는 실정이다.

타이완의 인권 상황이 과거 몇 년 동안 크게 향상되었지만, 여전히 해결해야 할 많은 문제점을 드러내고 있다. 그간 많은 법령들이 개인의 권리 보호 차원에서 개정되었다. 그리고 새 대통령은 자신의 취임 연설에서 국제인권기준을 국내법에 반영할 것과 국가인권위원회를 설립할 것을 약속하였다. 만약 이러한 약속들이 실현된다면, 타이완의 장기적인 인권 향상과 보호를 위한 굳건한 기초가 만들어질 것이다. 반면에, 인권 침해 사례가 여전히 발생하고 있으며, 심지어 어떤 경우는 예전보다 더 가혹한 인권 침해 사례가 발생하곤 한다. 아직도 사회적 약자 집단에게는 정부의 인권 보호 정책이 미치지 못하고 있는 것 같다.

필자가 속해 있는 '타이완인권협회'에서는 매년 인권보고서를 출판한다. 이것은 타이완의 최근 상황에 대한 정확한 이해를 돕는 자료집이며, 인권향상을 위한 정책적 활동을 조언하기도 한다. 이 보고서는 과거 타이완의 인권상황을 포괄적으로 기술하고 있다. 다음은 위 보고서에 근거하여, 다양한 권리들에 대한 타이완의 현황과 미래 전망을 분석한 것이다.

1. 주요 긍정적인 발전들

생존권 및 기본권과 관련하여, 국적 획득에 관한 법률적 범위가 확대되었다. 예컨대, 아버지가 외국인인 어린이들은 이전에는 시민권 취득의 대상에서 제외되었으나, 이제는 타이완의 시민권을 획득할 수 있도록 허용된다. 나아가 외국 국적의 남성 혹은 여성이 타이완 국적인과 결혼하면 영주권을 획득할 수 있으며, 이후 3년을 더 거주하면 타이완 국적을 취득할 수 있게 되었다. 이러한 진전들은 법 앞에 평등을 실천하고, 국제 결혼으로 태어난 어린이들을 보호할 수 있게 된 획기적인 발전들이다.

법률적 권리와 관련하여, 2000년은 그 이전 해보다 월등한 진전을 보였다. 인권보호 및 향상을 위한 몇 가지 중요한 법률이 개정되었다. 예컨대, '강도법'(Bandit Law)의 폐지로 강제적인 사형 선고를 수반하는 범죄의 종류가 감소되고, 또한 법관들은 좀 더 융통성 있게 선고를 할 수 있게 되었다. 사법체계의 재조직과 모든 재판에 검사들을 참여시키고 반대 심문을 가능하게 함으로써 사법부의 중립성을 강화하였다.

시민적, 사회적 그리고 문화적 권리들과 관련하여, 소수자 집단들은 자신들의 입장을 공개적으로 표현할 수 있게 되었다. 예를 들면, 이성애가 지배적인 타이완에서 게이와 레즈비언들은 오랜 세월 동안 가장자리로 밀려나 있었다. 그리고 게이, 레즈비언, 동성애와 같은 어휘들은 일반적인 대화에서 부정적인 의미를 함축하고 있었다. 예컨대, 1999년까지만 하더라도 동성애 조직체들은 내무부에 의해 사회단체등록이 거부되었다. 그러나 2000년에 세 개의 단체가 성공적으로 공식 등록함으로써 이러한 장애가 극복되었다. '타이완 게이 핫라인'이 내무부에, '타이완 게이 및 레즈비언 인권연합'이 고웅시(市) 사무국에, '게이권리증진을 위한 타이페이 연합'이 타이페이 시 사무국에 등록하였다. 이러한 게이/레즈비언 조직들이 공식적으로 출범한 것 자체가 타이완의 게이/레즈비언 운동의 성공을 나타낸다.

또한 1999년이래 많은 단체들이 환자의 권리를 증진시키기 위해 노력해 왔다. 이들은 의료자원의 불평등한 배분, 의료계 내의 불균형한 권력관계, 환자들에 대한 사회적 차별과 편견에 대한 해결책을 위해 많은 방안들을 제시해왔다. 이렇듯 의사소통을 위한 통로를 마련함으로써, 이들 단체들은 환자의 인권 문제를 사회적으로 쟁점화하고 정치적 권리의 영역에 머물던 인권담론의 지평을 확대하였다.

정치적 권리 부문에서, 2000년 3월에 정당간 정권 교체가 이루어졌다. 이것으로 타이완은 오랜 일당 통치를 종식하고 민주주의 공고화의 토대를 마련하였다. 그러나 1997년의 헌법 개정으로 인해, 국회는 행정부에 대한 불신임권을 갖고 대통령은 국회의 동의 없이 수상을 임명할 수 있게 되었고, 그 결과 행정부와 입법부가 각기 다른 정당이 장악하는 분점정부의 상황을 맞이하게 되었다.

이러한 현상들이 미래의 정치적 안정과 효율성에 어떠한 영향을
초래할 것인가는 앞으로 주의 깊게 지켜볼 만하다.

다른 한편, 여성의 정치참여권은 상당한 진전을 이루었다. 타이
완 최초로 여성 부통령이 탄생하였으며, 새로운 내각에는 9명의
여성이 포함되어, 전체 내각의 1/4을 차지하였다. 이것은 타이완
여성들이 책임 있는 지위에 오를 수 있는 기회가 현저하게 신장되
었음을 의미한다. 그러나 입법부의 경우, 중앙정부 수준 및 지방정
부 수준 모두 여성의 비율이 여전히 낮다. 또한 행정부는 원주민
을 위한 최초의 특별법안을 승인했다. 이 법률은 원주민의 다양한
권리를 보호하고 장려할 뿐 아니라, 그들에게 자치권을 부여하고,
그들 스스로의 결정에 의해 자신들의 발전 방향을 선택할 수 있게
하기 위한 조치였다.

경제적 권리 부문에서, 결사의 자유가 상당히 향상되었다. 2000
년의 전국제조산업조합의 설립과 최근 공무원노조 설립과 관련한
노동자들의 의식 향상은 타이완 노동운동의 발전된 모습을 보여
주고 있다. 그밖에 '국내기업경영법'(National Business Management
Act) 개정 후, 노동자들이 기업체의 경영에 공식적으로 참여할 수
있게 되었다. 이러한 것들은 타이완이 권위주의적 자본－노동 관
계를 청산하는 데 일정한 성과를 성취하고 있음을 보여준다.

2. 남아있는 문제점들

몇 가지의 진전에도 불구하고, 인권 침해는 자주 발생하고 있다.
새 정부가 저지른 인권 침해는 과거의 것과 별반 차이가 없었다.

첫째, 생존권 및 기본권의 부문에서, 전통적으로 사회적 차별의
희생자가 되어 왔던 약자의 그룹들은 여전히 그들의 인권을 보호

받지 못하고 있다. 예를 들면, 죄수들은 열악한 의료시설과 권위주의적 교도소 운영으로 생존권을 위협 당할 정도로 여전히 고통받고 있다. 교도소 관리들의 중대한 실수, 빈번한 탈옥, 교도관들의 부패, 노후된 시설들 등의 모든 문제점들이 아직까지도 개선되지 않고 있다. 정신 지체아와 활동 과다 어린이들을 포함한 장애자들은 오랜 세월 동안 사회에서 방치되어 왔었다. 이들의 생계와 건강은 정부의 정책적 관심의 결여 그리고 그 빈틈을 파고드는 수많은 비합법적 건강관리기관들로 인해, 끊임없이 위협받고 있다. 더군다나 유전공학의 가속적인 발달과 더불어, 과학에 대한 일방적 숭배는 사회적 약자 집단에 대한 새로운 위협요인을 산출하고 있다. 예컨대, 원주민들은 불필요한 혈액검사를 받는데, 당사자들은 이것들이 유전공학에 사용된다는 사실을 모르고 있다. 그리고 이러한 연구 결과의 공개는 원주민들의 사생활과 의료권에 피해를 주고 있다.

법제정의 측면에서 상당한 진척을 보였던 부문에서조차, 법 집행 단계에서는 막대한 문제점들이 발생하고 있다. 예를 들면, '국내폭력방지법'은 1999년에 통과되었으나, 인력 및 재정의 부족 그리고 사법 · 경찰 · 의료계 · 사회단체들의 네트워크 결여로 그 효과는 매우 제한적이다. 따라서 아직도 많은 희생자들이 적절한 보호와 도움을 받지 못하고 있다. 법관들은 가능한 가정사에 개입하지 않기 위해 "가정화합의 촉진"이라는 법 조항을 인용하면서, 가정 폭력에 대한 조사신청을 종종 기각한다. 또한 '가정폭력 조사권'이 성공적으로 승인된 경우에도, 그 승인 과정이 너무 느리다. 즉 '가정폭력 방지법'이 성공적으로 제정되었음에도, 너무 많은 여성들이 아직도 가정 폭력이라는 그늘 속에서 고통을 겪고 있다.

최근 들어, 외국인 아내들이 인권 취약 집단으로 등장하고 있다. 새로운 생활 환경에의 적응, 언어 장벽 그리고 부족한 법률 정보로 인해, 그들의 인권은 무시되거나 방치되고 있다. 최근 외국인 아내의 수가 빠르게 증가하고 있는데, 이와 더불어 그들의 가정 폭력 피해 사례도 급속도로 증가하고 있다. 이들은 마치 타이완으로 수입된 상품처럼 취급당하고 있는 형편이다. 또한 가정 폭력의 위협 외에도, 이들의 노동권, 재산권, 육아권은 완전히 무시당하고 있는 형편이다.

둘째, 법률상의 권리는 예전보다 개선되기는 했지만, 새 정부가 역점을 두고 추진하는 '조직 범죄 소탕'은 그 과정에서 정당한 법적 절차를 무시하고 집행되는 경향을 보이고 있다. 사실 최근 사법부에서 가장 큰 쟁점은 기소제도였다. 사건들을 지나치게 열정적으로 수사하는 경우가 반복되었고, 더불어 검찰의 행위들은 기소제도의 법적 절차를 무시하는 경우가 종종 발생하였다.

사회적 약자 집단이 사법부에 의한 권리 침해를 시정해달라고 요구할 수 있는 권리 또한 실현이 되지 않고 있다. 예를 들면, 현행법상 이민 노동자가 그의 고용주와 분규 중일 때, 고용주는 그 노동자를 간단히 본국으로 송환시킬 수 있다. 즉 이민 노동자는 법적 도움을 청할 권리마저 없는 것이다. 마찬가지로 정신병자나 정신지체자들이, 원고의 입장에 있거나 피고의 처지에 있거나, 사법제도로부터 올바른 도움을 얻을 수 있는 방법이 아직 확립되지 않은 상태이다.

셋째, 시민권, 사회권, 그리고 문화권에서 어떤 특정한 약자 그룹의 권리는 아직까지도 적절히 보호되지 않고 있다. 동성애자들이 모이는 장소들은 아직도 경찰의 정기조사 대상으로 남아 있으며, 정신박약자들에 대한 성폭행 비율은 아직도 과도하게 높은 실정이며, 이민 노동자들은 여전히 부당한 대우를 받고 있다. 이러한 모든 것들이 약자들에 대한 사회적 차별이 여전히 존재하고 있음을 보여준다.

이러한 차별은 방송 매체에 의해 부추겨지는 측면이 있다. 매스미디어의 비윤리적인 보도는 심각한 인권 침해를 야기한다. 동성애자들이나 성폭력 사례에 대해 보도할 때 '관음증'(voyeurism)식 보도 행태가 일반적이다. 이러한 보도 방법은 동성애자들에 대한 편견을 부추기고, 이들의 사생활을 침해하고, 희생자들에게 또 다른 상처를 입힌다. 마찬가지로, TV 카메라 앞에서 환자의 재생 수술을 스스럼없이 공개하는 의사들은 이미 환자의 사생활에 심각한 해를 입히는 것이다. 게다가 방송매체들은 의사들이 더 많은 환자를 끌어들이려는 목적으로 기자 회견 갖는 것을 돕고 있다. 이러한 공모는 의사들이 도덕성을 결여하고 있으며, 언론이 사회적 책임감을 크게 결여하고 있음을 드러낸다. 사회에 대한 봉사와 책임을 우선시 하기보다, 그들은 순전히 상업적인 논리에 따라 행동하고 있다.

넷째, 정치적 권리의 측면에서 볼 때, 2000년 대통령 선거에서도 여전히 상당한 양의 투표 매수가 있었다. 선거 정치에서, '검은 돈'의 문제는 지속적으로 악화되고 있다. 타이완의 민주주의 과정에서 이러한 결점들은 국민 주권과 정치적 평등이라는 민주주의 원칙들을 심각하게 부식시키고 있다. 이러한 실정은 타이완이 '세계인권 선언문'의 제21조항과 '시민적·정치적 권리에 관한 국제규약'의 제21조항에서 결정한 기준을 준수하지 못하고 있음을 의미한다. 뿐만 아니라 도청 문제도 여전히 고질병으로 남아있다. 이것은 사생활과 의사소통의 자유를 해칠 뿐 아니라, 개인 표현의 자유에 심각한 지장을 줄 수 있다.

다섯째, 경제적 권리의 측면에서, 2000년 5월 새 정부가 출범한 이후 새 여당이나 새 야당 모두 그들의 새로운 입지에 적절하게 적응을 못하고 있다. 정권 경쟁 과정에서 공약한 약자들에 대한 보호 정책들은 정책결정과정에서 질질 끌다가 혼란 속에 빠져들고 말았다. 예를 들면, 국가연금제도는 여러 번의 정책적 변화를 겪으면서 아직도 미로 속을 헤매고 있다. 여성단체들은 '성평등 노동법'을 입법안으로 상정토록 의원들을 설득하지 못하고 있다. 정책집행이라는 측면을 살펴볼 때, 문제는 더욱 심각하다. '노인복지법'과 '가정폭력 방지법'의 개정이 효력을 발생하고 있지만, 개정된 법령을 효과적으로 뒷받침하기 위한 정부의 사회적 보호망 구축 노력은 진척을 보지 못하고 있다. 또한 고용에서 양성간의 평등을 장려하기 위해 지방정부 수준에 설치한 '고용불평등 평가 위원회'는 전반적으로 그 기능을 발휘하지 못하고 있다.

이 밖에 직업적인 상해로 인한 사망 및 장애를 입은 된 건수는 2000년에 최고치를 기록하였다. 이는 작업장에서 기술적 안전이 발전했음에도 불구하고, 노동자들을 위한 보다 더 안전하고 인간적인 작업 환경이 확립되지 못하고 있음을 보여주고 있다. 특히, 외국인 노동자들에 대한 정부 정책은 산업 안전에서 최악의 취약 지역이다. 타이완에서 외국 노동자들은 단지 상품으로 취급되어 왔다. 타이완에서 외국인 노동자들은 모든 국가정책, 방송매체 그리고 사회환경에서 인종적·계급적·성적 차별에 직면하고 있다. 부적절한 법과 정책 하에서 외국인 노동자들은 고용주들과 중개인들에게 지속적으로 착취당하고 있다. 현대판 노예제도의 형태를 취하고 있는 중개인 계약은 외국인 노동자들의 생활 자체를 크게 구속하고 있는 형편이다. 열악한 근무 조건 및 위험한 작업 환경에의 노출은 물론이고, 종교의 자유를 침해당하고, 임신 금지를 강요당하고, 임의대로 본국으로 추방되거나, 심지어는 정부의 외교 정책의 거래 조건이 되기도 한다. 이 모든 것들이 타이완에서 외국인 노동자들이 매우 비인간적인 처우를 감수하고 있음을 보여주는 것들이다.

Ⅶ. 인권 보장의 구조적인 문제점들

1. 인권에 대한 낮은 인식

과거 권위주의적 정권 하에서는 인권이라는 용어 자체가 금기시 되었다. 이러한 상황에서 인권 문화나 전통이 성장할 수 있는 여지는 거의 없었다. 더구나 장기적인 국제적 고립으로 말미암아, 타이완은 국제사회에의 참여는 물론이고, 국제사회와의 교류 혹은 국제사회로부터의 고무 및 압력에 전혀 노출되지 못하였다. 이러한 환경에서 대중들은 인권의 개념에 익숙하지도 않으며, 인권 쟁점에 대한 경험이 매우 부족하다. 그 결과 인권을 침해한 사람들은 그들이 인권을 침해했다는 사실조차 모르는 경우가 다반사이며, 또한 인권을 침해당한 사람들 또한 이러한 사실조차 깨닫지 못하는 경우가 많다.

이러한 사실들은 타이완의 판사와 검사, 경찰, 의사 그리고 방송매체 모두가 인권의식을 교육하고 육성하는 데 소홀했음을 의미한다. 인권에 관한 가치와 규범은, 법적 성문화와는 관계없이, 공무원들이 그들의 공무를 수행할 때 가장 기초적인 행동규범이 되어야 한다. 타이완에서 이러한 현상들은 너무나 찾아보기 힘들다. 또한 의사들의 경우, 환자들과 그들의 가족들에 대한 인권보다 물질적 이윤을 앞세우는 경우가 종종 발견된다. 언론 분야에서도 반인권적인 요소가 자주 발견되고 있다.

사회 전반에 걸쳐 발견되는 낮은 인권 의식은 인권과 관련한 사회적 교육이 부족했다는 점에 그 뿌리를 찾을 수 있다. 판사, 경찰 그리고 교도관들의 훈련과정에서 인권 교육이 결여되어 있으며,

마찬가지로 의사나 다른 의료업계 인사의 교육 역시 환자의 권리에 대한 적절한 교육 없이 오로지 의학 지식의 입력에만 그 초점이 맞추어져 왔다.

1993년 비엔나에서 열린 인권에 관한 제2차 세계회의에서 1995년부터 2004년까지를 인권 교육 기간으로 지정하는 결의안을 통과시켰다. 이 회의에서 미래 인권 교육 촉진을 위한 청사진인 인권 교육 프로그램을 제안했다. 인권 교육은 인권을 보호하고 장려하는 출발점이다. 현재 타이완에서 인권을 보호하고 진흥하기 위해 시행해야 하는 가장 시급하고 중요한 정책사항이 있다면, 그것은 인권 교육이다.

2. 인권 보장 장치의 부족

현재 타이완에는 인권과 관련한 업무를 담당하는 정부 기관이 존재하지 않는다. 민주주의 국가들과 비교할 때, 이것은 중요한 차이점이다. 타이완이 인권 쟁점과 관련해서 어느 정도의 효과를 거두기 위해서는, 인권을 보장하고 장려하는 제도적 기반을 구축하는 것이 필수적이다.

이것이 바로 '타이완인권협회'와 '국가인권위원회 증진을 위한 동맹'(Alliance for the Promotion of a National Human Rights Commission)이 그간 국가인권위원회를 설립하기 위해 헌신했던 이유이다. 일단 국가인권위원회가 설립되면, 인권 침해 사례들을 조사한 뒤, 조정·중재하고 판결을 내릴 수 있을 것이다. 그리고 필요하면 희생자들과 소송에서 그들을 대변하는 기관들을 도울 수도 있을 것이다. 또한 법률 조항과 국제 인권 기준에 비추어 현행 규정들을 검토하고 연구할 수 있을 것이다. 그리고 나서 입법상의 변화나 법률상의 개정에 대한 제안을 제시할 수도 있을 것이다.21) 한편으로 국내 인권정책에 대한 학문적 연구를 추진할 수 있을 것이며, 여타 정부기관들이 인권 기준에 부합되는 절차와 규칙들을 마련하는 것을 도울 수 있다. 또한 인권의 가치와 지식을 전국적으로 보급하기 위해 학교와 사회기관에서의 인권교육을 계획하고 장려할 수 있다. 그리고 인권보호를 촉진하기 위해 국내 및 국외의 정부 또는 비정부기관들과 협력할 수도 있을 것이다. 이러한 모든 활동은 기본적으로 인권 의식의 확립과 향상 그리고 인권보호를 위한 제도적 장치가 어느 정도 구축되느냐에 달려있다.

Ⅷ. 맺 음 말

과거 10년 동안 타이완의 경험은 민주화가 반드시 인권의 가치와 규범을 강화하고 확장시키는 것은 아니라는 것을 증명하고 있다. 민주화는 반드시 인권을 바탕으로 전개되어야 한다. 왜냐하면, 인권이 고려되지 않는 민주화는 단순한 정치적 권력 쟁탈전으로 전락하기 쉽기 때문이다. 민주주의를 단순히 정부를 선택하기 위한 선거장치 및 제도로 이해할 때, 정치과정은 '승자 독식'의 권력관계로 전락한다. 이러한 사고방식에 의하면, 선거에서의 승리는 재임기간 중 지도자는 모든 사항에 대해 어떠한 조처도 수행할 수 있는 국민적 허용으로 이해되기 쉽다. 이러한 맥락에서, 타이완의

---

21) Chun－Hung Chen, "General Explanation of the Draft Legislation for National Human Rights Commission," *Alliance for the Promotion of a National Human Rights Commission*, Taipei, Taiwan in July 2000.

민주화가 선거민주주의에서 탈피하여 자유 민주주의로 향하기 위해서는 인권보호에 대한 인식 강화와 제도적 장치 마련이 절대적으로 필요하다. 인권의식 및 보호장치의 결여는 민주주의를 공허한 형식주의로 만들기 때문이다. 그러므로 인권 보장을 위한 기본 토대를 어떻게 구축하고 민주주의의 본질을 어떻게 실현하느냐 하는 것이 미래의 민주주의를 보다 강화시키는 데 주요한 과제이다.

　이제 정당간 정권 교체를 경험한 타이완은 현재 미증유의 상황에 직면하고 있다. 정권 교체가 갖는 중요한 의미 가운데 하나는, 야당 시절 민주주의와 인권을 옹호했던 정당이 정권을 잡았기 때문에, 국가 기구 및 정책을 통해 인권을 실천하고 성취하는 하는 데 있다. 만약 그렇지 않다면, 정권 교체는 단순한 정권 쟁탈전에 지나지 않을 것이다.

　선거민주주의를 넘어 자유민주주의로의 진입을 위해, 민진당 정부는 인권의 기본 토대를 건설하는 중요한 임무에 집중해야 할 것이다. 그렇게 된다면 "인권을 토대로 한 민족건설"은 단순한 슬로건의 수준을 넘어 실천적인 의미를 지니게 될 것이다. 인권은 민주주의적 통치 과정을 건설하는 데 있어 중요한 건축 재료이다. 따라서 인권 보장의 중요성을 간과하는 것은 타이완 민주주의의 발전과 통치에 심각한 영향을 미칠 것이다. 이것은 정부와 국민 모두가 함께 실천해야 할 중요한 문제이다.

인도네시아: 민주화 이행과 인권

루지 리키
(Rudi M. Rizki)*

Ⅰ. 서 론

인도네시아는 1998년 이른바 '신질서(New Order)'로 불리던 수하르토의 권위주의체제가 몰락함에 따라 인권 신장의 계기를 맞게된다. 권위주의 정권에서 민주정권으로 권력이 이양된 경험을 가지고 있는 다른 여러 나라들과 마찬가지로 새로운 과도정부는 인권을 개혁의 우선 과제중의 하나로 설정했다. 수하르토 정권을 뒤이은 하비비(Habibie) 대통령과 압두라만 와히드(Abdurmahn Wahid) 대통령 역시 개혁과제 중 하나로 인권을 꼽았다. 이는 민주주의 국가는 법에 의한 통치와 인권을 존중해야 한다는 원칙에 충실하고자 한 것이다. 따라서 이러한 원칙에 충실하기 위해서는 행정을 비롯한, 관련 법률, 입법, 사법 분야도 그에 상응한 효율적인 조치를 취해나가야 할 것이다.

과도정부 초기에 입법적, 정책적 조치에 여러 차례에 거쳐 진전이 있었던 것은 사실이지만, 과거 인권침해 가해자에 대한 조사나

기소에 있어서는 거의 진전이 없었다. 지난 6개월 간의 불안정한 정치적 상황 때문에 향후 인권의 신장에 대한 전망은 불투명하다. 정부뿐만 아니라 의회 역시 대부분의 에너지를 정치투쟁에 소비하고 있기 때문에 그들이 인권신장에 대해 가지고 있는 정치적인 의지는 사소한 것으로 치부된다. 인도네시아 곳곳에서 일어난 폭력과 전반적인 갈등은 국가의 분열을 초래하고 있으며, 이 때문에 새로운 정권이 인권신장에 실패할 것이라는 관측이 나오고 있는 것이다. 비합법적인 인권침해는 향후에도 증가할 것이고, 과거의 많은 인권침해 사건이 미결로 남을 것이라는 관측이 우세하다.

이 글은 하비비와 와히드 정권이 인도네시아에서 중요한 인권침해를 조사하고 기소하는 등 인권신장을 위해 취한 조치들의 실상과 이의 함의를 고찰하고자 한다.

Ⅱ. 입법과 정책

하비비 대통령 집권기인 1998년 5월 21일부터 1999년 8월까지 인도네시아에서는 인권을 신장하고 보호하기 위해 많은 법률을 제정했다. 그 중에서도 최초의 국가인권 헌장이라고 평가되는 인권에 대한 1998년의 국민의회의 포고령(Decree of the People Consultative Assembly Number XVII/MPR/1998 on Human Rights)이 주목할 만하다. 이 포고령은 세계 인권선언(Universal Declaration of Human Rights)의 기본원칙을 채택했다. 이후 1998년 6월 25일 인권행동계획(Human Rights Action Plan)이 제정됐는데 이것은 인권의 신장과 보호를 위한 향후 5개년 동안의 행동계획을 담고 있다. 정부는 또한 국제인권협정을 수용하는 법률을 채택했다.

고문 및 그 외의 잔혹하고 비인간적인, 또는 굴욕적인 대우나 처벌의 방지에 관한 협약(International Convention Against Torture and Other Cruel, Inhuman or Degrading Treatment or Punishment)을 수용하는 1998년의 법률 5조(Law Number 5), 그리고 모든 형태의 인종차별 철폐에 관한 국제협약(International Convention on the Elimination of All Forms of Racial Discrimination)의 수용과 관련된 1999년의 법률 29조(Law Number 29)가 바로 그런 법률들이다. 인도네시아 정부는 또한 4개의 국제 노동기구의 규정들, 즉 자유로운 노조와 노조를 조직할 권리의 보장에 대한 1948년의 협정 87조, 강제노동 폐지에 대한 1975년의 협정 105조, 최소연령 제한에 대한 1993년의 협정 138조, 그리고 고용과 작업장에서의 차별 금지에 대한 1958년의 협정 111조를 비준했다.

많은 정치범이 여러 가지 대통령령으로 특사, 사면, 복권으로 방면되거나 사면됐다. 여기에는 동티모르의 독립운동 지도자인 사나나 구스마오(Xanana Gusmao)와 진보적인 노동운동가 묵타르 팍파한(Muchtar Pakpahan)도 포함되어 있다.

인권에 대한 국민의회 포고령의 이행을 위해 하비비 대통령은 인권에 대한 1999년의 법률 39조를 승인했다. 이 법률은 인도네시아의 정당과 비정당 기구에 관계없이 관련 모든 단체에 여러 국제기구에서 제시한 것과 같은 국제인권의 기준을 적용하도록 했다. 이 법률은 '인도네시아 공화국이 인정해온 인권에 관한 국제법 조항은 국내법이 된다'라고 명시되어 있다(7조, 2항). 또한 이 법률은 1999년 대통령령 50호에 의거해 설립된 국가인권위원회(National Commission of Human Rights)의 위상과 권한을 강화했다. 가장 중요한 것은 인권위원회에 증인의 출석을 강제할 수 있는 소환권을 보장했다는 점이다. 이는 곧 바로 동티모르나 딴중 쁘리옥(Tanjung Priok)사건의 조사와 같은 주요한 인권문제를 조사하기 위하여 고위 군장성을 소환하는 것이 가능하도록 했다. 이 법률은 또한 인권을 중대하게 침해한 사건에 공소를 제기하기 위해 특별인권법정을 최대 4년 이내에 설치할 것을 규정하고 있다(104항). 또 이 조항은 중대한 인권 침해를 학살, 임의적이거나 재판절차를 밟지 않은 살인, 강제된 실종, 강제노예, 제도적인 차별을 포함하는 것으로 규정하고 있다. 동티모르 사태에 대한 국제적인 압력에 대한 반응으로, 위의 조항에 근거하여 인도네시아 정부는 인권법정 설립에 관한 1999년 법률 1조(PERPU)를 실행했다. 법률 제39조대로 이 법령은 인권침해 사건에 대한 새로운 특별법정이 설치될 때까지는 인권문제를 일반 법정에서 다룰 수 있도록 했다. 그럼에도 불구하고, 동티모르에서 8월 30일에 국민 투표가 실시된 이후에 자행된 대량학살과 재산파괴로 인해 특별법정의 설치가 매우 시급해졌다. 동티모르 조사위원회가 유고슬라비아나 르완다에서처럼 반인륜적인 전쟁 범죄를 재판에 회부하기 위해서 자체적으로 이 문제를 해결하고자 하는 인도네시아를 배제하고 특별 국제범죄 재판소를 설립할 가능성이 있기 때문에 더욱 시급한 것이다. 그래서 인도네시아 정부는 인도네시아가 인권을 침해한 사람들을 재판정에 세울 수 있고 또 이것을 중요하게 생각하고 있다는 것을 증명하기 위해 즉각 다음 단계를 밟았다. 의회는 PERPU가 소급 적용을 허용하지 않기 때문에 정의를 향한 국민의 열망을 만족시키지 못할 것이라고 판단해 만장일치로 이를 거부했다. 이런 결정은 PERPU는 인권범죄를 소급해서 소추할 수 있다는 조항이 없어서 동티모르에서 자행된 중대한 인권침해나 남용사례에 대해서 공소를 제기하는데 관심을 가지고 있는 국제 사회 역시 만족시킬 수 없을 것이라는 우려가 반영된 것이다.

몇 차례의 수정 끝에 의회는 2000년 11월 인권법정에 대한 법률 26조를 승인했다. 이 법률은 국제 인권법이 인정하는 대량학살과 반인류적 범죄를 포함하고는 있지만 인도네시아의 형법 조항을 적절하게 반영하고 있지 못했다. 인권침해를 대량학살과 반인류적 범죄라고 규정하는 것은 정확하게 국제적인 정의를 받아들였다. '대량학살'은 '특정 국가나 인종, 민족, 혹은 종교 집단의 전부 혹은 일부를 죽이거나 몰살시키려는 모든 행동'(8항)으로 정의되며, '반인류적 범죄'는 '민간인을 대상으로 한 광범위하거나 조직적인 직접 공격을 자행한 모든 행위'(9항)라고 정의된다. 이 법정은 다섯 명의 판사로 구성될 예정인데, 그 중 두 명은 전문 판사이고 세 명은 특별 혹은 비전문 판사가 위촉될 것이다.

이 법은 작위에 의한 범죄라는 개념과 함께 부작위에 의한 범죄 개념을 제시하고 있다. 따라서 직접적인 가해자뿐만 아니라 하급자가 저지르는 법률 위반을 알면서도 그들을 막지 못한 간접적인 가해자까지도 기소할 수 있게 되었다. 이 규정으로 군 지휘관에게 그가 알고 있었거나 '마땅히 알아야 하는 상황 하에 있는' 군대에 의해 자행된 중대한 인권침해에 대한 책임을 물을 수 있게 되었다 (42항). 이 규정은 동티모르에서 자행된 대량학살과 파괴에 대한 책임으로 기소된 고위 군 관계자들에게 분명하게 직접 적용할 수는 있었지만, 이 규정의 소급적용에 대해서는 논란이 일었다. 따라서 동티모르 사태를 비롯한 과거의 중대한 인권 침해 사건에 이 규정을 적용하기 위해서는 이 법이 효력을 발휘하기 전에 일어난 중대한 인권침해 사건에 대한 특별법정의 설치에 대한 내용이 삽입되어야 한다.

인권법정에 관한 법이 소급적용을 인정하지만, 이 법은 소급법을 근거로 기소되지 않을 권리를 부여하는 제2수정헌법(Second Amendment of the Constitution)과 충돌하게 된다(28조 i항). 이 수정헌법은 시민적 및 정치적 권리에 관한 국제 규약 4조(International Covenant on Civil and Political Rights)와 인권에 관한 1999년 법률

39조가 규정한 불소급법과 맥을 같이 한다. 이 문제는 법학자와 변호사, 그리고 많은 인권옹호자들 사이에서 오랜 논쟁거리가 되어왔다. 이것이 동티모르 사건의 책임을 가지고 있는 고위 군장성들이 인권법정의 설치를 고의적으로 지연하는 한 가지 수단이 아닌가 하는 의문이 든다.

국제사회와 비정부기구는 인권법정 설립이 늦어지고 있기 때문에 동티모르 사건을 시급하게 해결하기 위해서는 특별 국제형사재판소를 설치해야 한다고 주장했다. 이러한 압력으로 인해 2001년 4월 23일 대통령령 53호에 의거해 특별인권법정이 설치됐다. 특별인권법정은 자카르타에 대법원을 설치하고(1항), 동티모르에서 국민 투표가 실시된 이후에 자행된 중대한 인권침해와 1984년의 딴중 쁘리옥 대학살을 재판할 권한을 가지고 있다(2항). 동티모르 사건은 인도네시아 인권위원회(Komnas HAM)와 검찰에 의해 조사되어 왔지만, 딴중 쁘리옥 사건은 인권위원회 조사가 완료된 후에도 여전히 검찰에서 조사가 진행 중에 있다.

Ⅲ. 기 소

입법조항만을 놓고 보자면 상당한 인권 신장이 이루어져 왔지만, 과거에 인권침해나 남용사건을 저지른 책임자에 대한 기소에 있어서는 거의 진전이 없다고 볼 수 있다. 국제위기그룹(The International Crisis Group)은 <아시아 보고서> 12호(2001년 2월)에서 인도네시아 당국이 중대한 인권침해와 관련된 책임자들을 법정에 세우기 위한 노력이 그다지 인상적이지 못하다고 언급하고 있다. 1998년 이래로 구 정권 하에서 자행된 수 백 건의 인권침해 사건 중에서 단 4개의 큰 사건만이 유죄판결을 받은 상태다. 이런 사건들에 대한 재판 역시 새 정부의 미온적인 태도 때문에 사건의 최고 책임자를 법정에 세우지 못하고 있다.

예를 들어, 트리삭티(Trisakti) 사건의 경우에 두 명의 경찰공무원이 자카르타의 트리삭티 대학에서 시위하는 학생들에게 발포하라는 명령을 내리는 과정에서 적절한 절차를 밟지 않았다는 책임을 물어 군법정에 회부됐고, 그들에게 각각 4개월과 10개월의 실형이 선고됐다. 실제로 4명의 희생자가 금속 총알을 맞고 죽었는데, 그 총탄은 당시 경찰부대가 사용하지 않던 것이었다. 그래서 수하르토 정권을 유지하려는 정치적인 목적으로 군 관계자에 의해 발포가 이뤄진 것이 아닌가 하는 혐의가 있다. 2001년 1월부터 국회 내의 특별위원회는 이 사건을 재조사하기 시작했고, 증언자의 증언을 통해 금속 총알을 가진 군부대가 이 사건에 관여했다는 증거를 입수했다.

납치실종의 경우에는 11명의 특수부대 요원이 9명의 정치활동가를 납치하고 억류한 혐의로 기소됐다. 군법정은 그들에게 유죄판결을 내리고 12개월에서 22개월의 실형을 선고했다. 그들 중 일부는 군에서 해임되기도 했다. 법정은 최고 책임자, 즉 유괴를 사주한 사람을 찾아내려는 시도를 하지 않았는데, 그것은 기소된 군인들이 그 일을 자신들이 주도했다고 증언했기 때문이다. 그러나 또 다른 사건에서 군 상벌 위원회(military honour council)는 전 특수부대 지휘관이자 수하르토 전 대통령의 사위인 쁘라보워(Prabowo) 장군이 이 사건에 책임이 있다고 판단해 그를 군에서 불명예제대 처분을 내렸다. 대부분의 목격자들은 이 사건에 군 내부의 정치적인 대립과 밀접하게 연계되어 있다고 생각했다. 이 재판 역시 13명의 실종자의 죽음이나 억류 기간 동안 일어난 고문에 대해 밝혀내지 못했다.

테쿠 반타퀴아(Teuku Bantaqiah)와 그의 추종자에 대한 살해사건의 경우, 재판을 통해 24명이 8년 6개월형에서 많게는 10년형의 무거운 처벌을 선고받았다. 그 군사작전의 명령권자는 사라져버려서 고소하지 못했다. 이 고위 관리가 재판 받는 것을 막기 위해 고의적으로 그렇게 한 것 같다.

네 개의 주요 사건 중에서 위의 세 사례는 고위 군 경찰간부가 여전히 기소를 받지 않고 있다는 인상을 더욱 강하게 남긴다. 최고위급 군 간부들은 이런 중요한 재판들보다 우선해서 보호되고 있다. 이는 군법정이 중립적이지도, 독립적이지도 않다는 여론을 반영하고 있다. 국민들은 군 재판소가 항상 자기 조직을 보호하고 있다고 생각한다.

인도네시아의 과도 정부가 개혁의제로 인권신장에 집중하고 있음에도 불구하고 중대한 인권침해 가해자들을 기소하지 못하고 있다는 것은 모순이다. 이는 법에 대한 신뢰감을 약화시킬 것이며, 따라서 법의 권위나 민주주의에 대한 개념도 약화시켜 결국은 향후 인권침해를 방지하는데 큰 걸림돌이 될 것이다. 대부분의 가해자들이 군인이기 때문에 정부는 정치적인 안정을 해치거나 현재의 허약한 민주주의를 위태롭게 하는 정치적인 모험을 꺼리고 있다. 군이 정치권력의 상당 부분을 포기했음에도 불구하고 여전히 그들은 다시 권력을 잡을 수 있는 잠재적인 힘을 가지고 있다.

국제법의 견지에서도 중대한 인권 침해자들을 법정에 세우지 못하는 것은 원칙적으로 국가가 그 책임을 져야하기 때문에, 이는 결과적으로 국제적인 의무를 위반하는 것과 같다. 인권 침해자들을 기소하기 위해서 여러 인권기구가 발전되어 왔고, 모든 국가는 이를 강제할 법률들을 채택해 왔다. 따라서 기소 의무는 인류 전체에 대한 의무이며, 각 국가는 이를 효율적으로 이행해야 한다. 이 의무는 입법 조항에만 있는 것이 아니라, 이의 효과적인 제도적인 실천에도 있다. 그러므로 인도네시아가 중대한 인권침해에 대해 조사하고 기소하지 못하는 것은 국내법을 위반한 것일 뿐만 아니라 국제법을 위반한 것이기도 하다.

IV. 맺음말

지금의 정치적인 현실이 과거에는 불가능했던 모든 인권침해 사건들에 대한 기소를 실현하기는 불가능하고, 특히 과도정부라는 불안정성 때문에 정부가 군대에 대해 강력한 통제력을 행사하기는 힘들 것이기 때문에 '진실과 화해 위원회'(Truth and Reconciliation Commission)의 설립이 시급하다. 중대한 인권침해 사건을 취급하는 2000년 인권법정 법률 제26조는 독립된 법률로 규정될 '진실과 화해 위원회법'으로 흡수될 수 있을 것이다. 이 법안은 이제 정책연구 및 주창 기구(Institute for Policy Research and Advocacy)나 전국인권위원회 등과 같은 저명한 비정부기구와 협력하여 사법 및 인권부(Department of Law and Human Rights)에서 준비하고 있다.

남아프리카 모델을 받아들여 과거의 중대한 인권침해 가해자들에게 그들이 저지를 범죄내용을 자백하고 용서를 구하는 대가로 사면을 할 수도 있을 것이다. 진실과 화해 위원회라는 개념은 인권침해가 발생한 이면의 진실을 밝히기 위해서는 피해자와 가해자간의 화해가 필요하다는 생각에서 비롯된 것이다. 이는 피해자에게 발언할 기회와 사건에 대한 명료한 설명을 들을 수 있는 기회를 준다. 이 위원회는 1965년에서 1966년 사이에 공산당원과 당원의 주변 인물이 대량 학살된 사건, 1984년 딴중 쁘리옥 사건, 1989년 사건의 람풍 사건, 1975년에서 1998년까지 일어난 동티모

르에서의 중대한 인권침해 사건 등과 같이 잘 알려지지 않은 많은
사건들을 취급할 수 있을 것이다.

1980년대 필리핀의 경험:
중도적 대안의 탐색

아르만도 말라이
(Armando Malay, Jr.)*

Ⅰ. 서 론

최근 필리핀식 시위의 또 다른 형태 중의 하나가 과거와 동일한 장소에서 발생하였다. 이곳은 15년 전 최초의 "기적"이 일어났던 곳이다. 1986년 1월에 그러하였듯 2001년 1월 이곳에서도 해야 마땅한 일을 했다는 것, 민주주의에 기여를 했다는 것, 그리고 시민 정신을 수호했다는 것에 대한 자부심이 명백히 드러났다. 그러나, 부패한 권력을 남용하는 독재자, 그럼에도 불구하고 공화국 역사상 미증유의 큰 표 차이로 선거에서 승리한 국가 원수를 쫓아내기 위해서는 국민의 힘이 재평가되어야 한다는 것을 인식해야만 한다. 과거의 최초의 "기적"은 성숙하고 지속적인 질서를 수립하는데 실패했던 것처럼 보인다. 사실상 민주주의 정신은 그 자신의 이상과 정반대 되는 방향으로, 그것도 그렇게 짧은 시간에 훼손되었다. 형

---

* 필리핀 대학 아시아센터(Asian Center, University of the Philippines, Philippines).

이상학적인 담론과 이의 실제적인 결과에 대한 냉철하고도 편견이 없는 재평가가 절실히 요구되고 있다.

필리핀 사회의 정치적 특성-적어도 외국인의 눈에는-은 필리핀 사람들의 주류가 그들의 핵심적인 정치 가치를 표현하는 도구로 서구 형태의 광범위한 관행들을 선호한다는 것이다. 특히 미국식 선거 정치, 즉 로비, 후원과 엽관제도 등 바람직하지 못한 미국의 관행들, 지역주의, 효율적인 관료의 부재, 개인정치[1] 등이 과거 수 세기를 거쳐 만연했었다. 동남아시아를 지배한 적이 있는 여러 식민 세력 가운데 미국이 자신의 식민지에 비록 그 본질은 아닐지라도 서구적 형태의 민주주의를 가장 성공적으로 접목시킨 나라 중의 하나가 필리핀이다.

필리핀은 국제적으로 잘 알려져 있지 않지만, 이 나라가 특별하게 중요한 점은 다른 어떤 제 3세계의 나라도 이 나라만큼 미국과 그렇게 밀접하게 오랜 관계를 유지해오지 않았다는 사실이다. 그러므로 제3세계에서의 미국의 역할과 목적을 이해하는데 필리핀은 가장 중요한 국가들 중의 하나다.[2]

필리핀에 관한 전문가들 중에 이러한 "접목"이 성공했다는 것에 대해서는 논쟁의 여지가 없다. 필리핀 자유민주주의의 외부적 그리고/또는 부르조아계급 출신의 기원들에 대해서 민족주의자들이나 마르크스주의자들이 가하는 비난에서도 이 사실은 인정되고 있다. 그러나 이러한 평가들은 이제까지 반미주의가 승리의 기반이 되어 왔다는 것을 이해하지 못하고 있다.

자유민주주의에 대한 대중의 선호는 소위 "민심이 천심"이라는

---

1) Samuel Huntington, "American Democracy in Relations to Asia," in Robert Bartley, et al., *Democracy and Capitalism: Asian and American Perspectives*, (Singapore: ISEAS, 1993), p. 37.

2) Gabriel Kolko, *Confronting the Third World: US Foreign Policy, 1945 – 1980*, (Pantheon Books, 1988), p. 173.

동학을 이해하고 최신 선전기법과 이미지 형성 기술을 활용한 정치가들과 "시민의 지도자들"을 권력의 위치로 상승시켰지만, 급진적인 대안은 봉쇄해 왔다. 전후의 대표적인 양대 정당인 국민당(Nacionalista; NP)과 자유당(Liberal; LP)이 주기적으로 권력을 교체하며 이데올로기적인 동질성을 보인 것에 대해 어느 미국인 학자는 다음과 같이 말하였다.

> 필리핀은 동남 아시아에서 가장 안정된 정당 제도를 가지고 있다. 그리고 정당들은 이데올로기적으로는 가장 최소한도로 얽혀 있다. 막강한 두 정당은 날카로운 이념적 차이에 의해서가 아니라 오히려 지도자들의 성격이나 지도자들이 어느 특정한 시기에 어떤 부분에 정치적인 강조를 하느냐에 의해 분열되어 있다. 이들 중 어느 정당도 단일한 이익집단의 영향력 아래에 있지 않다. 이들 정당은 모두 가능한 한 많은 수의 이익 집단을 대변하기를 원하는 정치가들의 집합체이다. 이러한 관점에서 볼 때 필리핀의 정당은 미국과 유사하다.[3]

그러나 국가적인 속성이 만연한다고 해서 필리핀의 권력층들이 다양한 이익집단들을 고려해야한다는 규범을 가지고 있는 것은 아니다. 유교, 군사정권, 또는 파시스트 경험이 없는 이 나라에서 의식적인 선택이라기보다 순수하게 역사적이고 문화적인 타성에 의해

---

3) Lucian Pye, Southeast Asia's Political Systems, (Prentice – Hall Books, 1967), p. 47. Onofre D. Corpuz는 "본토 인프라스트럭쳐" 대 "서양의 수퍼스트럭쳐" 구조에 대해 전자가 "기본 그룹(즉, 가족)의 충성, 공무에 대한 특별한 관점, 그리고 개인적이고 전통적이거나 윤리적인 규범에 근거한 사회 모랄의 형태"를 가지고 있는 반면 후자는 "공무를 처리하는 데 있어 개인적인 성취, 전문 기술, 과학적인 이성, 그리고 비인격적인 법적 규칙을 통해 사회의 책임을 강화하는 기술"을 강조한다고 역설했다. Onofre D. Corpuz, "Cultural Foundations of Filipino Politics," in Jose Abueva and Raul de Guzman, *Foundations and Dynamics of Filipino Government and Politics*, (Manila, 1969), p. 15.

서 작은 정부, 왜소한 국가권력을 선택하게 된 것이다. 이 왜소한 국가는 정치적으로 과도하게 발달되어 있다. 즉, 정당들의 빈번한 합종연횡, 그리고 정치적 이슈의 인플레이션, 아이들에게 다가가 입맞추고, 열띤 웅변을 토해내는 선거캠페인 등이 그것이다.

필리핀 사회정치 분야의 또 다른 특성은 국가 외부에 중간자적인 기관들과 조직계층이 폭넓게 자리잡고 있다는 것이다. 이들은 시민의 민주주의를 재생산하는 데 필요한 사회적인 기후를 생성하고 촉진한다. 이들의 기원은 19세기 중반 스페인 식민지법에 대항하기 시작했던 신생 사회계층에서 찾을 수 있다. 이 시민 사회 는 자유로운 언론, 상공 회의소, 자조적이고 자발적인 결사체, 장인조합, 시민연대, 사회단체, 무역연합회 등에 미국 식민지의 공립학교 시스템이 추가되어 국가적 수준에서 합리적으로 결합된 공동체로부터 생겨났다. 이 시민사회는 분명 아시아, 특히 제 3세계 국가로서는 가장 오래된 것 중의 하나이며, 이의 분야별, 직업적, 종교적 그리고 성별 구성을 보면 서양의 시민 사회와 동일한 다양성을 보이고 있다. 특히 이 중에서도 국립대학은 학문 및 연구 조사 기능을 수행함에 있어서 국가로부터 자율성을 누리면서 사회 비평가로서 뿐만 아니라 국가의 정책의 비평가로서의 역할을 수행해 왔다.

2차 세계대전 기간과 1972~1986까지의 계엄령 중 짧은 기간을 제외하면 필리핀 시민사회는 생생하게 활동하였다. 시민 사회는 민주주의 정신이 살아 숨쉴 수 있도록 하는 데 국가보다 훨씬 더 적극적이었다. 이를 위해 그들은 집단적으로 행동하였으며, 결국은 사회의 안정을 가져왔다. 필리핀 시민사회의 기원에 수반되었던 저항과 투쟁의 담론은 반동적인 관점으로 변이 되기도 하였지만 20세기의 마지막까지 계속되었다. 단순한 우연에 지나지 않겠지만 이와 비슷한 시기에 구소련, 중국, 베트남 등지에서 마르크스 – 레닌주의의 실험도 실패로 끝났다.

Ⅱ. 삼각관계의 갈등: 정권, CPP, "중간 세력"

사람들이 페르디난드 마르코스가 1970년대 초반 공산당 (Communist Party, CPP)의 책략에 넘어갔는가에 대해서 의문을 갖는 것은 당연하다고 할 수 있다. 그 때 그는 특정한 자유주의적 전통과의 연계를 차단하며, 인신구속영장을 발부하여 마르크스의 영향을 받은 초기 반란 세력들의 중추를 와해하려고 하였다. 이에 실패하자 다음 해에 계엄령을 선포하였다. 그의 의도와는 반대로 이렇게 시민의 공적 자유를 억압했던 것은 궁극적으로 공산주의 혁명 세력에게 막대한 도움이 되었던 것으로 드러났다. 사실상 마르코스 정권이 자유민주주의 규범을 거부함으로써 서구정치의 모형이 필리핀에 적합하지 않다는 표면적인 부적합성을 드러나게 했을 뿐만 아니라, 무기로 무장한 혁명적 저항만이 마르코스의 독재권을 대신할 수 있는 유일한 정치적 대안이라는 분위기를 조장하였다.

필리핀 인민해방군(New People's Army, NPA)은 1972년 불과 몇백 명으로 시작하여 1985년에는 30,000명의 무장한 공식, 혹은 비공식 게릴라로 불어났다.[4] 정식 출범(1968)후 5년도 채 되지 않아 이 공산주의 정당은 전국가적인 조직으로 성장하여 도시뿐만 아니라 도시 이외의 지역에도 자리잡게 되었다. 계엄령은 시민사회를 사회의 주류에서 축출하는 역할을 하였다. 그 동안 시민사회의 정치적인 압력을 교회, 방송, 정치적 정당들이 감쇄해 왔다. 그러나 계엄령은 마치 거대한 손이 이 감압기의 안전장치를 제거해 버

---

4) Danieal Boon Schirmer and Stephen Shalom, eds., *The Philippines Reader*, (South End Press, 1987), pp. 315－316.

린 것과 같았다. 부르조아를 와해시키려는 공산주의자들의 도박은 실현되었다. 하지만 아이러니컬하게도 이것은 "다시 한번" 위대한 국가를 건설하려는 페르디난드 마르코스의 필사적인 노력에 의해서 이루어질 수 있었다.[5] 어떤 의미에서 계엄령은 필리핀 정치 조직의 중국화와 마찬가지였다. 계엄령은 필리핀의 정치조직을 인민들의 전쟁의 연장이라는 각본에 한층 더 가깝게 다가가도록 하였다.[6] 친중국파인 CPP/NPA는 이것을 국가권력을 장악하기 위한 조건으로 구상하고 있었다. 모택동은 20세기 중국에서 시민의 자유와 의회가 부재한 상황에서 혁명을 이루기 위해서는 무장항쟁이 반드시 필수적이라고 주장했다.[7] 그러나 1970년대 필리핀에서 그러한 각본이 반복되기는 불가능했다. 왜냐하면 당시의 가치와 신앙, 그리고 엘리트-민주주의 모형이 선호되는 통치 형태로 존재하고 있었기 때문이었다. 카톨릭 교회는 모든 사회 계급에게 도덕적인 영향을 끼쳤으며, 이는 급진적인 좌익 이념이 필리핀 군도에 전체적으로 확산되는 것을 막는 역할을 했다. 그렇다고 해서 만약 정권이 자유민주주의의 패러다임을 버리고 아시아의 "규범"을 따르는 전체주의적 형태를 취했더라면 혁명이 성공했을 것인가?

예상과 다르지 않게 마르코스 정권은 공산주의의 도박을 충족시켰던 것으로 드러났다. 마르코스는 그의 정권 초기에 국가의 안정이 최고라는 것을 분명히 밝혔고, 이를 위해서는 책략과 폭력에 의존해야 한다는 마키아벨리식 의견을 피력했다. 특히 그의 임기 초기에 발생했던 두 가지 사건은 권력에 대한 마르코스의 무자비한 태도가 결과적으로 공산주의 혁명이 성공할 수 있는 적당한 토

---

5) 반향적인 민족주의 문구 "이 나라는 다시 위대해 질 수 있다"는 1965년 마르코스의 선거 캠페인 슬로건이었다.

6) Amado Guerrero, *Philippine Society ad Revolution,* (Pulang Tala, 1970).

7) Mao Ze Dong, *Selected Military Writings,* (1967), p. 270 참조.

대를 제공해주는 것 같았다. 첫 번째는 1967년 종교적인 민족주의자들로서 마르코스가 외국의 꼭두각시 노릇을 한다며 그의 사임을 요구했던 라피앙 말라야(Lapiang Malaya)의 일원 33명이 죽고 수십 명이 부상당한 사건이었다. 두 번째는 68명의 저항적인 회교도 신자를 죽인 1968년의 학살이었다. 이들은 Sabah(보르네오 섬에 있는 말레이시아 국가)에 침입하여 이를 되찾으려는 의도를 가진 사적인 군대를 형성하고 있었다. 신병 모집에서부터 고립된 훈련장에서의 살인에 이르기까지 이들에 대한 모든 이야기는 매스컴에 드러나기 전까지는 아무도 몰랐다. 1970년대부터 모든 행정구역에서 문제를 야기시켜 오던 소위 "이슬람교도의 반란"이 Jabidah 사건에 대한 분노와 원망을 키워왔다.

마르코스의 20년 재임 기간 동안 군대와 경찰의 고위직을 담당했던 사람들을 살펴볼 필요가 있다. 이 나라의 공공연한 "전통"으로서 국가체제는 이들의 배경에 맞는 직위를 부여한다. 마르코스는 그의 집권이 연장된 시기 동안 의심할 여지없이 필사적으로 군대를 정치화하였는데, 이들은 마르코스 로무알데즈 가족의 친위대로 간주될 수 있을 정도였다. 직업적인 군인정신이 아니라 마르코스에 대한 개인적인 충성심이 당시 군대의 상위 계층을 지배하는 "조직의 가치"였다. 그의 사촌인 파비안 베르 장군은 단순한 ROTC 졸업생이었지만 웨스트 포인트나 필리핀 사관 학교에서 훈련받은 다른 장군들을 제치고 사령관(Chief of Staff)으로 임명되었다. 뿐만 아니라 군대가 배치되어 있었던 시골 지역에서는 인권의 유린이 만연해 있었다. 이러한 상황에서 1970년대 초기 젊은 장교들이 NPA로 빈번히 이탈해 나가고,[8] 결과적으로 1986년 2월 사건의 도화선이 되었던 우파 반란이 일어날 수 있었던 계기가 마련되

---

8) 두 명 모두 필리핀 군사 학교 출신으로 Victor Corpus 와 Crispin 중위였다.

었다.

마르코스가 서구 스타일의 자유-민주주의 모델을 포기하려고 했던 사실은 그가 1971년 8월 21일 인신구속 영장제를 연장함으로써 명백해졌다. 이것은 아홉 명이 사망하고 백 명 이상이 부상을 당했던, 야당인 자유당(Liberal Party)의 야외 집회에 폭탄이 투척된 사건이 일어나기 얼마 전의 일이었다. Plaza Mirada 사건은 마르코스의 두 번째 임기 중반쯤에 발생했으며 1973년으로 예정된 대통령 선거가 있기 2년 전의 일이었다. 이 사건은 마르코스에게는 중대한 시기에 일어났으며, 공산주의자의 폭동에 특별한 의미를 부여했다. 첫째, 최초로 야당의 지도자들이 대량살상의 대상이 되었으며 이 당시 LP(자유당)는 여론조사에 의하면 지지도가 매우 높아서 다가오는 국회의원선거에서 압도적으로 승리할 것으로 기대되었다. 둘째, 만약 LP의 지도권들을 실제로 제거했다면, NP와 LP가 교대로 권력을 차지하는 순환고리에 종지부를 찍었을 것이다. 마지막으로, 이 사건은 마르코스에 대해 유례 없이 적대적인 여론을 구체화시켰다. 그 자신이 예전에 속해 있었던 당에 대해 무자비하고도 적대적인 태도를 보였던 마르코스는 이 범죄행위의 가장 명백한 배후조종자였다-사실상 마르코스는 1965년 선거의 입후보자가 되기 위해 NP로 전향했을 당시 그는 LP의 대표였다.

CPP에게는 Plaza Mirand 학살은 결코 무시할 수 없는 기회였다. 이 사건으로 그들은 합법적인 적들과 신임을 잃은 마르코스 정권 모두를 제거할 수 있는 기회를 가질 수 있었다. 실제로 몇 명의 탈당자들은 후에 공산주의의 지도자인 Jose Maria Sison과 그 휘하의 장교들이 이 공격의 선동자라고 비난할 수도 있었을 것이다. 비록 LP의 지도자들이 죽음을 당하지 않았더라도 공산주의 혁명 전략들은 적어도 마르코스를 악마처럼 여기는 민중의 여론과 전통적인 추악한 정치를 비난하는 태도가 점차 늘어나는 것을 이용하였다. 어찌됐던 폭탄으로 야기된 충격과 독재적 방식에 의존하는 정권의 태도는 시민사회로 하여금 "혁명적 상황"에 직면하도록 했다. 이러한 상황은 사회의 모든 부문들, 심지어 교회와 마르코스 자신조차 인지했다고 한다. 주요 행위자들 가운데 지하 CPP들과 이들의 군대가 계엄령의 압력에 대처할 준비가 가장 잘 되어 있었다. 그리고 보다 이념적이었던 공산주의자들에게 이것은 흔쾌히 수용될 수 있는 시련이었다.

인신구속 영장제의 연장을 통해서 공산주의자들의 폭동을 충분히 저지할 수 있는 것이 아니었다(남부 지방에서의 이슬람 반동도 마찬가지다). 1972년 9월 21일 마르코스는 공산주의자와 이슬람 무장 집단이 존재한다는 단순한 사실만으로 국가 안보의 위협을 주장하며 계엄령을 선포하여 극단주의자들에 대한 강경노선을 취하였다. 의회와 상원은 폐회되고, 젊은 투사들을 포함해 유능하지만 덜 알려진 반대파들은 체포되어 영창에 투옥되었다. 그리고 언론은 그 자유를 억압받았거나 단순히 문을 닫았다. 파업은 금지되고, 통금시간이 생기고, 해외여행은 줄어들었다. 그러나 정부에 비판적인 몇몇 사람들은 망명하고, 이민 규제를 교묘히 빠져나가거나 아니면 계엄령 선포 당시 이미 미국에 체류하고 있었다. 마르코스의 최대의 라이벌인 아키노는 처음에는 독방에 감금되어 있다가 심장 수술을 위해 미국으로 갈 수 있는 허가를 얻기 전까지 7년 동안 경비가 가장 삼엄한 Fort Bonifacio의 감방에 갇혀 있었다(이 허가는 이멜다 마르코스 여사에게 간청한 후에 얻어진 것이다).

III. 반대파들에 대한 박해

"우리가 계엄령을 선포했을 때 필리핀은 마침내 아시아의 일부가 되었다."[9] 후에 수상이 된 당시 마르코스의 재정장관이었던 Cesar Virata는 한번은 솔직하게 – 혹은 기분 나쁘게 – 이와 같이 선언하였다. 대통령이 여타의 정치 엘리트와 달리 총체적 빈곤과 저개발 속에서 민주주의를 남용했던 사실과 이의 단점을 솔직하게 시인하자 많은 필리핀 지식인들은 경계심을 늦추었다. 이전 시대에 미국 유물의 열정적인 옹호자였던 Carlos Pena Romulo 당시 외무부 장관은 시민의 자유에 대해 리콴유의 방식과 그리 다르지 않은 미묘한 입장을 개발하기 시작했다. 그의 관점에서 볼 때 서구식 민주주의는 아시아에서 "이질적인 씨앗"이었으며, 계엄령이 민주주의가 이루려다 실패한 발전들을 성취할 것이라고 예견했다. 마르코스주의자들과 견주어볼 때, 아키노조차 리콴유와 박정희를 숭배했던 점을 지적할 수 있다. 그리고 그가 만약 대통령으로 당선되면 계엄령을 선포하겠노라고 말했던 것이 기록되어 전해진다.[10] 마르코스와 아키노 두 사람 모두 매우 독단적이어서, 부패하고 비도덕적인 국가 정치판에서 관대한 입지는 부적절하거나 심지어 역효과를 낳을 수 있다고 인식했다. 그러나 그들의 반자유주의적인 자세에 워싱턴은 아무런 경계심을 갖지 않았다. 1980년대에 걱정스러웠던 것은 공산주의와 이슬람교도 반역자들이 계엄령에도 불구하고 점점 강해지고 있다는 인식이었다. 워싱턴은 당연

---

9) Beth Day Fomulo, *The Shattered Showcase of Democracy in Asia*, (New York, 1974), p. 186.

10) David Wurfel, *Filipino Politics: Development and Decay*, (Ateneo de Manila University Press, 1988), p. 18.

히 마르코스의 강경 노선을 불신할 만 했지만 마르코스가 필리핀 영토 내의 미군 기지에 압력을 가하자 어찌할 도리가 없었다.

CPP가 "미국 – 마르코스 독재정권 타도"라는 반제국주의 슬로건을 주장하면서 상황은 더욱 더 복잡해졌다. 마르코스는 계엄령으로 그의 지위에 부여된 무한한 권력과 더불어, 1975년 여름부터 동남아시아에서 전술·전략적으로 군사력을 재배치함으로써 이득을 얻었다. 인도차이나 국가들 중 세 나라에서 공산주의 세력이 완전히 승리하고 구소련 해군은 베트남의 인도를 받아 이전에 미 해군 기지가 차지하고 있던 Da Nang과 Cam Ranh 만에서의 정박권을 얻었다. 이러한 상황에서 미국의 지역 안전 배치에 급진적인 수정이 가해진 것은 당연했다. 최초로 소비에트의 화력이 남지나 해에 자리잡게 되었다. 그런데 미군기지인 Clark와 Subic(제 7함대의 요새)이 동쪽으로 1000Km도 채 떨어지지 않은 곳에 있었다. 필리핀 영토 내의 이들의 존재는 필리핀 민족주의 운동이 끊임없이 일어나도록 자극하였으며, 이 기지들이 미국에 갖는 중요성을 마르코스는 예리하게 간파했다. 실제로, 마르코스는 영토 내에 미군 세력을 주둔시키는 아시아 "동맹국"이 그에 대한 대가를 미국에게 요구할 때, 미국이 무엇이든지 지불할 용의가 있음을 알고 있었다. 그리하여 아시아 – 태평양 무대에서 미국의 우위를 유지하기 한 필수 조건으로서 남한과 필리핀의 경우, 지미 카터 대통령의 인권 정책은 포기되었다.

베트남전 이후 기지 요소(post – Vietnam bases factor)는 필리핀에서 민주주의적 대립에 대한 미국의 정책을 형성하는데 중요한 역할을 했다. 마르코스의 쿠데타 이후 미국으로 망명했던 반마르코스주의자들은 마르코스가 워싱턴에 취한 요구사항 때문에 많은 괴로움과 박해를 받았다. 기독민주당(Christian Democratic) 의원이었던 Raul Manglapus와 같은 온건한 망명자들에게 권력의 양극화는 민주주의 이념의 실패를 의미했다. Raul Manglapus의 걱정은 마르코스가 미국 정부의 지지를 받는 유일한 반공주의 필리핀인이었기 때문에 필리핀 내에서의 세력균형이 공산주의의 승리로 끝나지 않을까 하는 것이었다. 또 다른 반대 세력이었던 Salvador Laurel의원(후에 코라손 아키노 대통령 재임중 부통령이 됨)은 1981년 방문중인 한 미국 의회 대표에게 불만에 가득 찬 반대파들이 폭력을 사용할 것 같다는 말을 건넸지만, 그러한 폭력은 "공산당에게 기회를 제공할 뿐"이라는 답변을 얻었을 뿐이었다.[11]

평화적 해결 방안이 쓸모없이 보이자 이에 자포자기한 기독 민주당의 일부가 1980년대 초 무장 반란을 일으켰지만 정권에 의해 즉시 진압 당했다. 예전에 모택동의 이념적 적수였던 이들은 그들의 진지로 돌아가 무장항쟁과 야전 생활방식을 채택하였다. 혁명에 대한 매력은 마르코스 정권이 자유-민주주의 모델을 거부한 것과 직접적인 길항관계 속에서 점점 증가하였다. 의회나 법적 투쟁 기회가 적었던 탓으로 필리핀에 남아 있었던 온건한 반마르코스 세력들은 쇠약해지거나 혁명을 택했다.

좌익에 가까워지거나 심지어 지하세력의 일원이 되어버린 특정 종교적 인사들이 수행했던 두드러진 역할 덕분에 공산주의자들은 카톨릭 신자로부터 상당한 동정을 받을 수 있었다. 또한 시골 지역에 있던 이른바 근본 기독교 공동체(Basic Christian Communities)들은 혁명적 담론과 실천을 양성하는 주요 도관이었다.[12] 그러나 보수적인 교회 상층부는 진행 중이던 마르코스 대 공산주의자들의 대립관계를 거북하게 여겼다. 1970년대와 1980년대 중반까지 계속

---

11) US Senate, *US Relations with ASEAN: A Report to the Committee on Foreign Relations*, (US Government Printing Office, Washington, 1982), p. 31.

12) William Chapman, *Inside the Philippine Revolution: The New People's Army and Its Struggle for Power*, (NY: W.W. Norton & Co., 1987), pp. 202-211.

동요되었던 Jaime Cardinal Sin의 태도는 계엄령 기간에 어떤 일관된 선택을 하는 것이 어렵다는 것을 보여준다. 그러나 시민 사회가 독재권에 대항하는 투쟁적인 행동을 적극적으로 취하면서부터, 즉 아키노가 암살당한 시점에서부터 교회는 정권과 공산주의자들을 제치고 "자연스럽게" 정치·문화적 공간을 다시 확보했다.

Ⅳ. 아키노와 전환점

아키노는 만약 마닐라로 되돌아가면 암살을 당할 위험이 있다는 지지자들의 경고에도 불구하고 "국민적 화해"를 이끌어낼 기회를 모색하기로 결심하였다. 그는 만약 자신이 체포된다면 마르코스가 감옥에 있는 그를 방문해야만 할 것이고 마르코스에게 "민주주의 제도를 회복"해야한다고 확신시키는 데 채 30분도 안 걸릴 것이라는 순진한 생각을 하고 있었다.[13] 하지만 그가 1983년 8월 21일 마닐라 국제 공항에 도착하자마자 냉혹하게 암살 당함으로써 이러한 시도는 실행되지 못하였다. Plaza Mirand 사건에서처럼 다시 한번 마르코스를 가리켜 냉혹한 암살의 지도자라고 하였던 것이 당시의 일반적인 여론이었다. (그러나 냉철한 이성을 지닌 많은 사람들은 베르장군이나 이멜다 마르코스가 실제 주도자라고 생각한다.) 암살 사건으로 인해 전 국민이 충격에 빠져 있는 동안 혁명을 위한 시기는 더 무르익어 갔다. 그러나 전환점은 1983년에 다가왔다. 그리하여 온건주의자들은 좀더 확고한 태도를 취하였고, 급진적인 좌익들은 점점 더 "상황을 통제"하게 되었다.

---

13) Lucian Pye, *Asian Power and Politics: The Cultural Dimensions of Authority*, (Harnard University Press, 1996), p. 34

독실한 미망인 코라손 아키노 여사가 전달한 온건의 메시지는
중·상류층 필리핀인들이 느끼고 있던 도덕적 분개심을 잘 표현
해 주었다. 이들은 아키노의 순교 이후 정치화된 사람들로서 공산
주의자들은 이들을 가리켜 "중간 세력"이라고 칭하고, 그들의 처
지에 동정을 표하면서, 특별 연합전선 항명 운동 당시 이들 조직
체와 관계를 맺기도 하였다. 그러나 부르주아에 대한 마르크스—
레닌주의자들의 전형적인 불신감 때문에 그들은 온건파들의 의도
를 제대로 파악할 수 없었다. 사실상, 공산주의자들이 지배적인
민주주의 전선(National Democratic Front: NDF)은 자신들의 영역이
나 계급의 이익을 추구하기 위하여 필요한 자치권과 반마르코스
운동 기간 동안 잠재적으로 맺었던 동맹을 거부하는 경향을 결
코 극복할 수 없었다. 이러한 전선을 위조하여 1985년 5월에 결
성된 BAYAN (Bagong Alyansang Makabayan, 또는 신국가동맹, New
National Alliance)은 NDF가 조직의 간부 위원회를 복수제로 하자는
주장에 유능한 "중간 세력" 사업가들과 정치가들이 탈퇴해버리자
NDF만 고립되는 것으로 결말을 맺었다. 온건주의자였던 전 의원,
Jose Diokno는 후일 "그것은 우리가 결코 영속적으로 지하 좌익들
을 상대할 수 없다는 것을 보여주었다. 지하세력들이 분배된 권력
의 개념을 어떻게 할 것인가를 배우기 전까지 우리는 그들과 일할
수 없다"14)고 불만을 토로했다.

공산주의자들의 반자본주의, 반제국주의 노선 그 자체가 "중간
세력"과의 통합을 저해하는 주된 방해물이라고는 할 수 없다. 실제
문제, 말하자면 구조적인 장애물은 온건주의자들이 선호하는 법률
상/선거상의 저항 앞에서 공산주의 지도층이 느꼈던 불안한 강박
관념이었다. 이러한 불안정은 본질적으로 필리핀 사회가 여지껏

---

14) Chapmanm, 이전 책, p. 223.

혁명적인 정치가들보다 개혁자들을 선호한다는 것을 인정하는 것이나 마찬가지였다. 그러나 반마르코스 항쟁은 "지연된 인민 전쟁"의 승리로 완성될 것으로, 나중에 등장한 부르주아들에게 빼앗길 수 없었다. 온건주의자들에게 그들의 개혁 의제를 강행할 수 있는 기회를 허락함으로써, 1990년 중 언젠가 발생할 것이라고 당이 예견했던 "전략적인 공격" 을 위한 길고 힘든 준비과정들이 수포로 돌아가게 할 수는 없었다. 1986년 예고 없이 치러진 선거를 보이콧하기로 했던 당의 결정은 이러한 강경 노선을 반영했는데, 이것은 1978년 의회선거 기간 동안 이미 드러나기도 하였다.15) 그러나 마르코스와 좌익에 대해 시민사회 온건주의자들의 승리로 끝났던 EDSA는 이러한 강경 노선을 가장자리로 내몰았다.

소위 말하는 "EDSA의 정신"은 필리핀에서 다양하게 요청되어, 다음 중 하나 내지는 복합적인 형태로 나타났다. 국민의 힘, 평화적 정권교체, 희생과 기도를 통한 시민의 정신적 인내, 국가 통합, 심지어 국가에 대한 사랑 등, 간단히 말해 1986년 2월 22~25일의 운명적인 사건이래 특성 없는 "필리핀 국민들"에게 고귀함을 부여한 모든 종류의 숭고한 특성들을 말한다. 동시에 주류 언론들은 EDSA를 자유와, 정의, 민주주의를 위한 전지구적 저항에 대한 필리핀인들의 기여라고 표현하였다. 그리하여 베를린 장벽의 붕괴와, 천안문 집회 사건, 남아프리카와, 동티모르, 미얀마, 구소련 지역의 투쟁 등이 지역 신문에서는 "EDSA 정신의 감화를 받은" 용기 있는 행위라고 해석되기도 하였다. "Handong ng Pilipino sa Mundo"(세계에 대한 필리핀인들의 선물)과 The Greatest Democracy Ever Told (알려진 것 중 가장 훌륭한

---

15) A. Malay Jr., "The Dialectics of Kaluwangan: Echoes of A 1978 Debate," in Marxism in the Philippines part II (Third World Studies Center, University of the Philippines, 1988).

민주주의)는 각각 이 사건을 본따 만들어진 유행가와 커피 테이블용 책들의 웅장한 제목들이다. 다른 면에서도 EDSA는 사설, 칼럼, 비디오 다큐멘터리 등등에서 "필리핀 사람들의 눈부신/결정적인 순간"으로 수 없이 언급되었다.

그러나 문제의식도 없이 받아들였던 "기적"의 실체가 드러나기 시작했다. 1986년 2월 냉전 전후에 미국 정부가 워싱턴에서나 마닐라 대사관에서 행했던 중요한 역할들과, 1986과 1989년 사이 코라손 아키노 정부에 반대하여 시도된 일련의 쿠데타 사건들, 그리고 무엇보다도 마르코스 이후의 정권들이 마르코스나 그 추종자 중 누군가를 정의의 심판대에 올려 그들이 저질렀던 죄상을 밝히는데 명백하게 실패한 사실은 그 "빛나는 순간"은 본질적으로 허구에 지나지 않는다는 것을 보여준다.

"마르코스의 탱크를 그들의 맨손과 기도, 십자가로 막았던," 수백 수천만의 필리핀 사람들에 대한 주관적인 성향을 떠나 객관적인 평가를 하지 않는다면, 왜 EDSA에 폭력이 없었는지, 그리고 왜 계엄령에 대한 정화작업이 없었는지를 설명할 수 없다.

미국은 온건적 대안세력과 오랫동안 정치권력을 장악해온 마르코스-CPP의 이원적 한 쌍에 투쟁하는 EDSA에 보이지 않는 손으로 영향을 미쳤다. 최후의 순간에 워싱턴은 마르코스주의자들에게 패배하는 치욕은 면했다. 그러나 미국 정부는 마르코스의 측근들이 아키노 "개혁" 정부의 손길을 피해 대통령 관저에서부터 하와이로 향하는 미 공군 비행기를 타고 이송 지점 (마르코스가 1989년 사망할 때까지 정상적인 생활을 유지하면서 거주하도록 허용된 장소)까지 갈 수 있도록 개인적 안전을 계속해서 보장함으로써 마르코스와 그의 가족들이 절대 처벌받지 않을 것을 객관적으로 보증했다. 이에 대해, "중간 세력"은 미국의 이러한 간섭에 반대한 적이 없었던 것으로 기록에 남아 있다.

그러나 이러한 해석은 여전히 의문의 여지를 남겨둔다. 마르코스를 처벌에서 구해낸 미국의 목적은 무엇이었으며, 왜 아키노 정부는 마르코스주의자들에 대한 처벌을 얼버무렸던 것에 동의를 했을까? 확실한 증거가 없는 상황에서, EDSA에 폭력이 없었던 것에 대한 유일한 그럴듯한 이유는 마르코스 충성주의자들의 군대가 "반란군"에게 발포를 시작하면 지연되고 있었던 시민전쟁이 돌발할 것을 염려했던 워싱턴이 반란군들과 (특히) 여전히 마르코스에게 충성을 다하는 사람들이 시민내란을 일으킬 여지가 있는 조급한 행동을 하지 못하도록 확신시키는 데 필요한 모든 조치를 취했기 때문일 것이다. 만약 이러한 전쟁이 일어난다면 주변에서 방관만 하던 공산주의자들의 인민해방군(New People' Army)이 승자가 될 것이 뻔했을 터였다.16) 마르코스가 미국에 대해 헌신하는 것이 이미 필요 없게 된지 오래지만, 미국정부로서는 공산주의자들에게 권력을 확보할 수 있는 기회를 주어 동남아시아에 마지막으로 남아있던 기지를 위험에 처하게 하는 것보다 마르코스를 보호하는 것이 나은 선택이었다.

어쨌든 1986년 미국은 쿠바(1959), 남 베트남(1975), 이란, 니카라과(1979)에서 그들의 우호자가 추방당하면서 겪었던 불명예스러운 패배를 면했다. 미국과 필리핀의 관계는 EDSA 이후 급속도로 개선되었다. 아키노 여사는 1986년 워싱턴 DC에 도착했을 때 영웅적인 환영을 받았으며 미국 언론은 "기적"을 격찬했다. 그러나 이 평화적인 해결책은 시민내전의 즉각적인 발발을 피하기 위한 미봉책에 불과했다. 이것은 인권 유린, 부패, 수탈 등등 계엄령 기간 동안 횡행했던 일들을 차단하지는 못하였다. 더군다나 EDSA 사태 후, 유명했던 "평화 그리고 화해"라는 슬로건은 RAM (Revolutionary

---

16) Raymond Bonner, *Waltzing with a Dictator: The Marcoes and the Making of American Policy*, (New York, 1987), pp. 436－439.

Armed Movement: 혁명 군대 운동) – 원래는 군대의 반마르코스적 요소로 작용하던 세력 – 으로 하여금 아키노 여사가 이미 대통령직에 재임하고 있음에도 불구하고 권력을 획득하려하는 그들의 목표를 추구하도록 부추겼다. 실제로 시민사회의 RAM과의 "화해"는 이들이 "EDSA의 우파"라는 간단한 사실만으로 고무되었다. 그러나 그들이 아키노 정부를 계속하여 공격하자 RAM 반란군들은 스스로 자신들을 화해할 수 없는 집단으로 간주하게 했다. 이러한 불화들은 아키노 정부에 대한 일종의 쿠데타들로서 왜 아키노 여사가 철저한 개혁을 시행하는데 실패했는가를 부분적으로 설명해 준다.

칠레와, 남아프리카, 그 밖의 지역에서 진실과 정의 위원회(Truth and Justice Commissions)를 통해, 과거 파시즘과 전체주의의 부정과 남용을 시정하려고 했던 창의적인 시도는 필리핀 내에서도 호의적인 의견을 이끌어내었으나, 언급만 있었을 뿐 구체적으로 실현되지는 못하였다. EDSA 후의 도덕 불감증 – 만약 이렇게 이름 붙여질 수 있는 것이라면 – 속에서 코라손 아키노와 피델 라모스(1992~98) 행정부는 시민적 그리고 군사적 관료제를 소생시킬 수도 있는 어떤 형태의 개혁적인 대안들을 협상했다. 1986년 창출된 도덕적 에너지가 마르코스 시대와 관련된 부패, 친인척 등용주의, 연고주의를 저지하기에는 명백히 부족한 것이었으나, 마르코스에게 충성을 다하던 Joseph Estrada – 용감한 희생자의 역할을 전문으로 했던 과거의 영화배우 – 로 하여금 "교육을 받고 영어를 할 줄 하는 엘리트"들과 경쟁하는 개혁가의 이미지를 구축하도록 하였다. 그리고 그는 이로써 먼저 의원에, 그리고 부통령의 지위에, 1998년 마침내 대통령직에 오르게 되었다. 그는 불과 2년 반 후인 2001년 1월에 여론이 "EDSA Ⅱ" 혹은 "인민의 힘 Ⅱ"라고 부르는 사건에 의해 권좌에서 물러났다. 그러나 1986년 "기적"의 고상한 이념과 흉악한 인민주의자가 한때 아키노 여사와 라모스 장군이 차지했던 일국의 지도자의 지위까지 상승한 사실 사이에 존재하는 단절과 모순은, 회고해 보면 EDSA의 서사에 새로운, 그리고 진솔한 면을 비춰주는 것에 불과하다. 만약 차이가 있다면, 필리핀 사람들의 핵심적인 가치는 "결정적인 순간"에 어떠한 차이점이 존재하는가? 그리고 깨끗하고 효율적인 정부에 대한 끝없는 요구는 궁극적으로 EDSAⅢ으로 귀결될 것인가?

V. 시민사회와 자유 민주주의

마르코스 이후에 "시민사회"라는 용어가 의식적으로-때때로 비판 없이-사용되기 시작한 점은 주목할 만하다. 이 용어는 1980년대 유행했던 사회개혁, 발전, 주창 등의 의제를 가진 비정부조직(NGO)과 소위 말하는 인민의 조직(PO)을 지칭하기 위해 사용되었다. 시민사회에 대한 이러한 환원주의적 관점(다른 제3세계 국가에 널리 보급된 바와 같은)은 자유 민주주의적 정치조직에 풍부한 자원을 제공해주었던 시민, 종교적, 분야별 그리고 직능별 조직체들의 기여를 최소화시켰다. 다시 말하면 시민정신과 "사회적 자본"17)의 본질이 EDSA를 위한 운동 기간에만 존재하기 시작했던 것처럼 보였다.

계엄령이라는 상황 속에서도 시민사회는 그 일부분만, 특히 정치 정당과 주류 언론이 관심을 가진 부분만 제압되었을 뿐이다. 결사의 자유는 급진적인 학생조직들이나 공산주의와 연계가 있다

---

17) 여기에서는 James Colman의 정의를 따름. James Coleman은 사회적 자본을 "그룹과 조직에서 같은 목표를 향해 같이 일하는 사람들의 능력"으로 정의한다. Francis Fukuyama, *Trust: The Social Virtues and the Creation of Prosperity*, (Hamishi Hamilton Ltd., 1995), p. 10.에서 재인용.

고 의심되는 무역조합들을 불법으로 간주한 경우를 제외하고는 결코 제한되지 않았다. 앞서 주장한 바와 같이 비밀 조직인 CPP에게 정치적 공간의 제한은 그다지 문제가 되지 않았다. 반면, 외국 언론인들은 비교적 자유롭게 필리핀에 입국하고 사전 검열 없이 그들의 기사를 전송할 수 있었다(마르코스는 그의 국제적인 이미지에 신경을 썼다). 1986년 초반부터 EDSA의 최후의 시기까지, 이러한 "허점"은 결과적으로 마르코스에게 불리하게 작용한 것으로 드러났다. 군중들이 Juan Ponc Enrile와, Fidel Ramos, RAM 반란군들을 보호하기 위해 군대의 막사 밖에 운집해 있는 장면을 CNN이 생중계하여 전세계인이 지켜보았고, 결과적으로 독재자의 행동을 저지하였으며—마르코스가 진정으로 그렇게까지 생각하고 있었는지는 모르겠지만—대학살을 막았다. 이제는 널리 알려져 있다시피 이러한 돌발사태로 인한 재앙을 막기 위해서 미국 정부는 여러 조치들을 취했었다.

1980년대 중반에도 "민주주의의 공간"이라는 개념이 대중적으로 통용되었다. 이것은 1972년 시민사회에 대한 갑작스런 제약이 가해지기 전부터 필리핀 사람들이 향유했던 기본적인 자유를 되살려 이를 잘 활용하고 이용하는 것을 다른 방식으로 정의하는 방식 중의 하나이다. 이것이 기아나 빈곤, 질병, 문맹 등으로부터의 자유를 의미하는가는 모두 다른 문제에 속한다. 그러나 EDSA 후에 필리핀 사회에 대한 비판의 방식에 현저한 차이가 생겼다. 심지어 좌파도 필리핀이라는 민족국가에 지속적으로 존재해온 구조적인 문제들을 해결하는데 그전과 같은 패권적 방법이 아니라 하나의 참여자로서 기여함으로써 활력을 되찾았다. 온건주의가 가능해지면서 볼셰비키적이거나 "평화적"인 형태의 혁명에 대한 환상은 1990년대 말까지 점차 깨어지기 시작했다.

그러나 필리핀과 같은 사회에서의 자유민주주의의 문제점은 반드시 짚고 가야 할 것이다. 계엄령 전의 평범한 상태로부터 1972~1986 자유가 억압당하던 시기, 그리고 나서 EDSA의 도취감, 그리고 Estrada 격변기 이전까지의 "민주주의 공간"의 회복 등은 2001년 초 EDSA Ⅱ의 발발로 이어지는 국가 공동체적인 "분위기의 변화"는 장기적인 관점에서 봐야 한다.

빈곤과, 무지, 그리고 낮은 수준의 기술이 필리핀의 사회 개혁의 지평을 구성하는 한, 자유 민주주의 또한 선동정치가와 갖가지 협잡꾼을 불러들여 민주주의 자체의 이념과 관습을 전복시킬만한 요소를 제공할 것이다.

소위 "아시아에서 가장 자유로운 언론"이 이 나라에서 가장 성스러운 제도에 대해서 해를 끼칠 수도 있지만, 이러한 자유는 과장되어서는 안될 것이다. 필리핀의 주류 언론은 대부분 정의의 편에서 벗어났다. 이러한 방종은 영화 산업과 과도한 선정성과 폭력이 난무하는 영화(아시아의 다른 제작회사의 것들과 비교하면 오히려 점잖게 보일 수도 있지만) 등에서도 찾아볼 수 있다. 실제 위험은 정치적인 영역에 도사리고 있다. 자유선거를 위한 국민운동(NAMFREL)과 같은 감시기관과 유권자들의 "상식"에 과도하게 낙관적으로 의존함으로써, 민주주의 과정은 투표매수, 투표조작, 투표절삭, "승리가능성"(winnerbility, 1992년 대통령 선거 때 조어된, 애매한 문법적 적합성을 가진 용어) 등과 같은 관행으로 점철되었다. 불법은 아니지만, TV나 영화, 그리고 스포츠 인사들을 전진 배치하는 주류 정당의 관행은 공중에게 덜 알려져 있지만 관직에 임명될 자격이 충분한 훌륭한 후보들에게 불리하게 작용한다. 특히 "승리 가능성(winnerbility)"의 숭배는 소위 "Erap Estrada" 현상을 조장하였으며, 이에 대해서는 더 이상 언급할 필요가 없다.

지배적인 권력장치는 Claro Mayo Recto와 Jovito Salonga과 같이 똑똑하고, 청렴하고, 그리고 헌신적인 정치 지도자들을 대통령 선거에서 제외시키고, 대신에 이멜다 마르코스와 같은 인물들이 더 많은 표를 얻게 만들었다. 마르코스가문의 사람들이 정치활동을 못하게 하는 법이 없었기 때문에, 마르코스의 세 명의 자식들 중 두 명이 귀국한 후 지역 정치에 성공적으로 입문했다. 반면에 코라손 아키노에 대항해 수 차례의 쿠데타를 시도하다 구금되었다가 탈출을 한 Col Gregorio Honasan도 상원에 당선되었다. 그가 EDSA에서 매스컴을 잘 탔던 인물이었다는 사실이 그가 "공직"으로 돌아오는데 유효하게 작용했던 것처럼 보인다. 결국 자유 민주주의는 이를 오용했던 자들에게 특권과 권력을 부여한 셈이 되었다.

지속 가능한 발달, 그리고 더 좁게는 성차별에 대한 민감성과 더불어 권한강화는 과거 십 년 동안 NGO들의 애매한 유행어들 중에서 가장 인기가 있었던 것이다. "EDSA 국민의 힘"의 인기는 이것을 대중화시키는 데는 유익했지만, 이를 구체화하는 데는 실패했다. 지구촌화와 함께 정부, 경제계, 그리고 시민사회를 동반자들로 묘사하는 것이 사회진보의 새로운 패러다임이라고 보는 경향이 증가하면서, 권한강화라는 개념은 단순한 슬로건을 넘어서 보다 구체화 될 것이다. 흔히들 가정하는 것과 다르게 필리핀 시민사회는 세계화와 신자유주의적 경제정책에 그렇게 적대적이지 않다. 물론 정부 관료와 거대 기업가들은 언급할 필요도 없다. 실제로 새 대통령인 Gloria Macapagal Arroyo는 필리핀이 WTO에 가입하는 것을 지지하는 법안을 지지했던 것으로 유명하다.

점점 지구촌화가 진행됨에 따라, 필리핀 경제는 주변국들에게 보다 저렴한 상품과 인력의 공급자로서의 지위를 잃을 위험에 처해지고 있다.

필리핀 사회의 특권층에 속한 사람을 제외하고, 현재 개인 또는 계급의 권한부여가 기정 사실인 것처럼 말한다면 냉소적인 반응을 얻을 것이다. 통치 방식과 합의를 조정하려는 노력은 피상적으로 흐른다면 또 다른 EDSA의 출현이 전혀 불가능한 것은 아니다. 필리핀에 자유 민주주주의의 실현하는 것은 엄청난 과제이지만, 반드시 실현되어야 한다.

베트남 인민들의 경험:
식민주의 및 제국주의의 유산

응오 빈 롱
(Ngo Vinh Long)*

I. 서 론

베트남은 다수제와 참여 민주주의의 긴 전통을 가진 나라였다. 그러나 오늘날 베트남의 정치 제도는 독재주의에 지나지 않는다. 그리고 비록 베트남의 인권에 대한 기록이 이웃한 다른 나라들의 것보다 상당히 낮다 할지라도 1976년 7월 2일 이 나라가 베트남 사회주의 공화국으로 공식적으로 통합된 이후 베트남의 민주주의화는 느리고 고통스러운 과정이었다. 이러한 유감스러운 상황이 벌어지게 된 이유는 무엇일까?

이 논문에서 나는 프랑스 식민주의와 미국 제국주의가 베트남의 발달을 위한 모든 가능성을 파괴했을 뿐 아니라, 변화하기에 수많은 세월이 걸릴 권위주의적인 제도들과 구조들을 직·간접적으로나 생겨나게 함으로써 베트남에 민주주의의 결핍을 초래한

---

* 베트남 Maine 대학교(University of Maine, Vietnam).

것에 대해 많은 이유를 제공했다는 것에 대해 논의할 것이다. 베트남 역사에서 이 전체 기간은 100년 동안 지속되었으므로 다음 글에서는 내가 핵심적이거나 대표적인 것이라고 생각하는 약간의 특성들에만 초점을 맞출 수 있을 것이다.

Ⅱ. 프랑스 식민 시대

프랑스 정복은 베트남 조정의 유화정책의 원조를 받아 이루어졌다. 응웬(Nguyen) 왕조는 당시 매년 수백 건의 농민 반란에 직면하자 이러한 사회 격변을 잠재우기 위해 프랑스인과 맞서기보다는 그들의 군사적·경제적 자원을 보존하기로 결심하였다. 결과적으로 1859~1867년까지의 뚜득(Tu Duc) 황제의 통치 기간 중 프랑스는 사이공 주변의 6개 남부 지방을 응웬 왕조로부터 빼앗아 통치하게 되었다. 비록 수백 개의 시민 단체들이 1910년까지 저항을 계속했지만, 베트남 조정이 1884년에 중부 및 북부 베트남을 프랑스 "보호령"으로 하는 것에 동의하자 베트남은 실제적으로 정치적인 독립을 상실하게 되었다. 프랑스는 남부와 중부, 북부 지역을 각각 코친차이나, 안남과 통킹으로 개명하였다.

프랑스가 베트남을 점거한 이후 베트남의 사회적, 경제적 그리고 정치적인 구조가 불과 20년 동안에 급격하게 변화하였다. 가장 큰 영향을 받은 것이 전통적인 베트남 조정의 토지제도였다. 그리고 이것은 다시 사회의 다른 부문에 근본적인 변화를 초래하였다. 나는 이 점을 비롯해 프랑스 식민 기간의 다른 많은 측면들을 다른 곳에서도 상세히 다루어보았으므로 다음에서는 단지 몇 가지 특성들만을 매우 간결하게 알아볼 것이다.

　응웬 왕조의 의회의 토지 제도는 이러한 모든 문제들과 단점에도 불구하고 백성의 요구에 약간의 반응을 보였었다. 앞선 왕조 때와 마찬가지로 응웬 왕조의 통치 시절에도 나라의 모든 토지는 이론적으로 왕에게 속해 있는 것이었다. 그리고 백성들은 토지를 경작하는 특권을 얻는 대가로 왕에게 세금을 지불했다. 그러므로 왕은 개인에게 특정 양의 토지는 "사유지"(tu dien)의 용도로 사용할 수 있도록, 마을이나 단체들에게는 "공유지"(cong dien)로 사용할 수 있도록 몇 에이커씩의 토지를 나누어줄 수 있었다. 토지에 대한 허가는 이론적으로는 조건부였다. 왕은 그가 원하는 토지라면 어느 것이라도 어떠한 보상도 필요 없이 언제라도 돌려 받을 수 있는 권리가 있었다. 그러나 실제적으로는 왕은 토지를 돌려 받을 때마다 토지의 가치를 측정하여 이에 따라 농부에게 보상을 했다. 1804년 자신을 스스로 황제라 칭한 지 몇 년 후 쟈롱(Gia Long 1802~1820) 황제는 "개인 소유 토지제도(personal share land system)"로 알려진 토지 제도(khau phan dien che)를 실시했다. 이 제도 하에서 1품 이상(다시 말하면, 공작, 후작 등의 귀족 칭호를 받았던 귀족들)의 공무원과 군사무관들은 18결의 배당을 받았다(배당의 크기는 지역마다 달랐다). 토지가 봉급을 대신하였다. 1품 등급의 귀족은 15결을, 2품 관리는 14결을 받았고, 가장 낮은 계급이었던 9품 관리는 8결을, 성인 남자는 6과 1/2결을, 오랫동안 질병을 앓은 농부는 5와 1/2결을, 모든 세금을 면제받은 60세 이상의 노인들은 각각 4와 1/2결을, 70세나 그 이상의 노인들은 5와 1/2결을, 세금이 면제되는 소년들(다시 말하면, 16세에서 18세까지)은 4결을 받았다. 고아들과 과부들은 4결을 수령했다. 한 결이 정확히 어느 만큼의 땅에 해당되는가 하는 것은 특정지역과 시대에 따라 달랐다. 그러나 전반적으로 원기 왕성한 농부가 수령할 수 있었던 가장 많은 땅은 약 5에이커 정도였으며 평민의 가장 낮은 등급이 수령할 수 있는 가장 적은 양의 땅은 1/2 에이커였다. (비교해 본다면, 오늘날의 베트남에서 12명의 농부 당 오직 1헥타르의 경작지가 돌아간다.) 토지 수령인이 사망하면 그 부지는 마을로 되돌려져 재분배된다.

평민이 더 많은 토지를 이용할 수 있게 하기 위해 의회는 1914년 정책을 변경하여 관리들에게 정기적인 봉급을 지급하기 시작했다. 1839~1840년까지 법정은 봉급자 관리들이 자신들이 살고 있는 곳의 공유지에서 나오는 공공이익에 관여하는 것을 금지하여 이러한 이윤이 농민들과 봉급을 받지 않는 마을 관리들에게만 독점적으로 돌아가게끔 하였다. 이러한 공유지는 다음과 같이 구성되어 있다. 가난한 사람들이 세금을 지불하는 것을 돕기 위한 "세금보조토지", 고아들과 과부들을 돕기 위한 "고아와 과부들의 토지", 마을에 따라서 그리고 시대에 따라서 명칭이 변화하는 여러 가지 다른 타입의 토지가 있었다. 이러한 공유지의 매매는 금지되었다. 그러나 만약 임대료가 마을 사업에 헌납될 수 있다면 개인적인 경작농에게 최대 3년 기한으로 임대될 수 있었다.

코친 차이나에서는 1862년 6월 5일의 점령과 1874년 3월 15일의 조약의 결과 베트남 조정의 주권은 프랑스에게 완전히 이양되었다. 이에 프랑스 식민지 개척자들은 프랑스에 대항하던 시기에 마을을 떠난 농부들에게 속해 있던 모든 땅을 빼앗겠다는 일련의 법령을 공포했다. 그리고 난 후 이 토지를 프랑스인들과 프랑스가 이기도록 도왔던 베트남인들, 혹은 이용할 필요가 있는 베트남인들의 환심을 사기 위해 이들에게 "토지 허가"의 형태로 나누어주었다. 프랑스가 그들의 장교와 관리들에게 나누어 준 허용토지는 대부분 한 사람 당 4000헥타르가 넘었다. 한 프랑스인은 12,000헥타르가 넘는 토지를 모으기도 했다. 베트남인 "협력자들"―거의 카톨릭교인들이었으나 가끔 신생 식민지 의용군의 일원도 있었으며 베트남 의회에서 소외당한 고급관리들도 있었다 – 도 무상으로 수백 헥타르의 논을 수령했다.

통킹과 안남에서 베트남 황제는 이 "보호령" 제도하에서 형식적으로 최소한 행정과 토지에 관한 권리를 가지고 있었다. 그러나 비공식적으로 프랑스인들은 점차적으로 조정으로 하여금 그들에게 남아있는 권력 중 대부분을 포기하도록 압력을 가하였다. 1897년 9월 27일 황제는 심지어 안남(Hue황도가 위치해 있음)에서조차 토지에 대한 그나마 남아 있던 그의 권리를 통째로 부정하는 법령을 공포했다. (이 법령으로 인도차이나의 프랑스 총독 – 장군이 주창한 법규에 의해 프랑스 시민 뿐 아니라 프랑스 섭정정치 제도하의 베트남인들도 토지소유권을 직접 가질 수 있었다.) 그러자 프랑스는 스스로 프랑스 시민들에게 무료 토지 허가권을 주는 일련의 법령을 공포하였다. 그러므로 다양한 직업에 종사하는 각계각층의 프랑스인들은 1,000헥타르, 또는 심지어 30,000헥타르나 되는 논을 쉽게 수중에 넣을 수 있었다. 보통 프랑스인들이 일반적으로 사용했던 기술은 농부의 토지소유권을 박탈할 때 전통적인 베트남 의회법을 이용한 다음 프랑스 법을 적용하여 그 토지에 대한 소유권을 확정짓는 것이었다.

이러한 토지 몰수와 무료 토지 허가 정책의 결과 식민지 공식 기록에 집계된 "유럽의" 개인들과 회사의 수중에 있던 토지 허용 면적은 1931년에 872,000헥타르에 다다랐다. 반면 베트남인 토지 소유자들이 가지고 있었던 토지 허용권의 전체 양은 1,081,400헥타르였다. 1931년 이 나라 논의 총 면적은 전체 4,300,000헥타르였으며 옥수수 밭의 총 면적은 130,000 내지 145,000헥타르였다. 반면 다른 작물의 경작지는 200,000헥타르 미만이었다. 비록 모든 종류의 산업작물을 이 계산에 포함시켰다 하더라도 프랑스인들이 가지고 있었던 토지 허용 면적은 그래도 총경작지 표면적의 2/5이상을 차지하였다.

이러한 통계에는 베트남인과 프랑스인 땅주인들이 다른 방법 (예를 들면 고리대금)으로 관리했던 토지를 고려하지 않은 것이다. 이에 대한 정확한 수치는 알려져 있지 않다. 그러나 토지 몰수, 토지 허가권 그리고 토지 찬탈의 결과 프랑스 공식 자료가 보여주는 바에 의하면 1930년대 즈음 통킹 지방에서만 아무런 토지도 소유하고 있지 않았던 농가가 968,000 호나 되었다. 1 마우(mau)의 경작지(통킹과 코친 차이나에서 1 마우는 3,600평방 미터에 해당되고, 안남에서는 그곳 토양의 질이 더 떨어지는 이유로 5,000평방 미터에 해당된다)도 못 되는 땅을 소유했던 토지 소유자가 586,000명 있었다. 1이상 5이하 마우의 땅을 소유했던 사람들은 283,000명, 5이상 10이하 마우의 토지 소유자가 60,000명, 10이상 15이하 마우의 토지를 소유했던 사람들이 20,000명, 15이상 100이하 마우의 땅을 소유했던 사람이 800명, 100마우 이상의 토지를 소유했던 사람이 250명 정도 되었다. 평균적으로 여러 공식 조사에 의하면 보통 586,000명의 소지주의 대부분이 사실상 반 마우도 안 되는 땅을 소유했고 대지주는 부를 은폐하는 여러 가지 다른 방법을 알고 있었기 때문에 정확한 수치는 파악하기 어려우나 기재되어 있는 것보다 훨씬 더 많은 땅을 소유하고 있었다고 한다.

안남의 토지 소유 상황은 빈농의 비율이 더 심각하긴 했지만 통킹과 비슷했다. 768,000명(47%)이 약간의 토지라도 소유하고 있었던 것에 반하여 866,200명(53%)이 땅을 소유하지 않고 있었다. 1930년 615,000명(전체 토지소유자의 94%)의 지주들이 합쳐서 293,000헥타르를 차지하고 있었다(경작지의 37%). 그러나 통킹의 경우와 마찬가지로 이러한 사람들 대다수가 실상은 거의 아무 것도 소유하고 있지 않은 셈이었고, 반면에 394명의 부유한 지주들이(0.1% 이하) 133,000헥타르(경작지의 17%)를 소유하고 있었다.

코친 차이나의 경우 프랑스 감정에 의하면 1930년 이 지역 전체를 통틀어 대략 4,000,000명의 농민 중 오직 255,000명이 땅을 소유하고 있었다. 코친 차이나의 경작지 면적은 약 2,400,000헥타르였다. 255,000명의 지주들 중 78%가 5헥타르 미만의 땅을 소유하고 있었다. 5이상 10이하 헥타르를 소유하고 있던 사람들이 15%, 10이상 50헥타르를 소유하고 있었던 사람들은 11%, 그리고 2.5%의 지주들(실질적인 프랑스인들 포함)이 50헥타르 이상의 땅을 소유하고 있었다. 소지주들은 논 경작지 표면적의 12%만을 차지하고 있었다. 중간층 지주들(5이상 50이하의 헥타르 소유자들)이 43%의 토지를, 그리고 대지주들이 45%의 땅을 차지하고 있었다. 이러한 프랑스 자료에 의하면 3가구 중 2가구가 토지를 소유하지 못했으며 소작농의 반 이상이 "땅이 없는 것과 거의 비슷한 상황"에 있었다고 한다.

요약하면 토지 몰수와 토지 허용권이 가장 횡행했던 코친 차이나에서는 프랑스인들과 그들의 동조자들이 거의 대부분의 땅을 차지하여 대다수의 농민들이 땅을 가지지 못하거나 땅이 없는 것이나 마찬가지인 상황에 처해 있었다. 농민들이 농촌 지역을 이탈할 수 있는 중요한 산업이나 상업이 없었던 사실과 더불어 이것은 과거 베트남 역사에서는 볼 수 없었던 현상을 초래하였다. 그것은 바로 임대 농업과 소작이었다.

보통 임대 농업자 등(현금을 미리 지불하거나 정해진 비율의 수확물로 지불해야만 했던 사람들)은 땅주인에게 재배에 드는 총비용과 함께 총수입의 절반을 주어야 했다. 반면 소작농들은 모든 생산비용은 차치하더라도 수확물의 50~70%를 지불해야만 했다. 생산비에는 농기구의 구입, 유지, 수리, 물소 임대, 씨앗 구입에 드는 비용과 씨뿌리는 시기와 추수기에 여분의 일손을 고용하는 비용이 포함되어 있었다. 임대 농민이나 소작농이 생산비용을 지불하고 나면 전체 수확량 중 오직 10내지 15%만을 차지할 수 있었다.

임대 농업과 소작도 사실은 착취의 한 형태고 이로 말미암은 피해는 엄청났다. 무엇보다도 토양의 비옥함이 저하되었다. 임대 농업자나 소작농이나 임대료와 생산비에 대한 빚으로 전체 수확량의 75% 이상을 지불해야만 했기 때문에, 그리고 토양을 유지하고 개선시키는 것이 그에게 맡겨졌기 때문에 그는 땅을 위해 비료를 구입하는 것을 꺼려했다. 그런다 할지라도 그가 이렇게 한다면 그의 가족이 여전히 굶주리고 있을 때 땅주인은 이윤의 대부분을 거두어 갈 것이었다. 이러한 이유로 여러 지역의 토지들이 10년 혹은 그 이상 동안 비료를 쓰지 않은 채 사용되었다. 결과는 1930년대 즈음 논 1헥타르 당 평균 수확량은 자바가 1.5, 샴이 1.8, 일본이 3.4 미터톤을 생산했던 것에 반하여 1.2 미터톤에 불과하였다. 1899년 프랑스 공식 자료는 코친 차이나의 총 논의 57%는 헥타르 당 2,250Kg을 생산했고 전체 평균은 헥타르 당 1,800Kg이었다고 발표했다. 또 코친 차이나의 서부에서는 1헥타르 당 3,000Kg의 평균 수확량은 드문 일이 아니다고 덧붙였다. 통킹의 수확량에 관해 1898년에 발표된 프랑스 공식 보고서 또한 이 곳의 평균 수확량은 1등급 논(총 경작지의 약 40%)은 일 헥타르 당 3,000Kg, 2등급 논(총 경작지의 약 30%)의 경우 헥타르 당 2,500Kg이었다고 발표했다.

그때는 또한 임대 농업과 소작 제도는 지주들로 하여금 쌀 생산을 음식의 가치가 아닌 상업적인 가치로만 여기도록 만들었다. 쌀의 가격이 그들이 충분한 이윤을 얻을 수 없다고 생각하는 수준까지 떨어지면 그들은 생산을 중지할 수 있었다. 이것은 1930년대 초반 경제공황의 상황이었다. 평상시 지주들은 그들이 소유하고 있었던 토지를 개선시키는 대신 높은 세금(응웬 왕조 시대 보다 5배 내지 10배 더 높았다)과 고리대금 때문에 어쩔 수 없이 땅을 팔 수밖에 없었던 소농들로부터 싼값에 토지를 매점 하는데 돈을 쓰곤 했다.

대다수의 농민들이 땅을 가지지 못했거나 땅이 없는 것과 마찬가지인 상태에 있었기에, 그리고 토지 임대료와 세금이 엄청나게 높았기 때문에 프랑스 자료들에는 지주에게 먼저 빌리지 않고 계절에 따른 논 경작을 시작할 수 있었던 농민은 아무도 없었다고 적혀 있다. 지주들은 또한 농부들에게 암묵적으로 융자를 강요했다. 왜냐하면 고리대금이 지주들이 농부들의 땅을 인수하고 그들의 재산을 늘리는데 가장 수월하고 값이 싼 방법이었기 때문이었다.

저당을 잡힐 것이나 담보로 맡길 만한 것이 아무 것도 없었던 대다수의 베트남 농민들은 단기로 융자를 얻는 것이 일반적이었다. 일주일 단위나 한 달 단위의 대부가 적어도 일년에 240%이었던 반면 일일 대출에 대한 이자는 하루 10%(또는 일년에 3,650%)이었다. 단기 융자는 노동으로 갚을 수 있었다. 만약 농부가 1 피아스터(piaster)를 빌렸다면 2.5 피아스터 어치의 일을 해야만 했다. 임대 농부나 소작농들은 이러한 융자를 얻기 위해 그들의 부인이나 자식 또는 아직 수확도 하지 않는 작물을 저당 잡혀야만 했다 (아낙네들과 어린이들은 지주의 토지에서 무상으로 일을 했으며 종종 신체적으로 성적으로 학대당했다). 그러나 추수 후에 먹거나 세금을 지불할 것이 당초부터 충분히 남지 않았기 때문에 이들은 어쩔 수 없이 융자를 얻어야만 했고, 그 결과 그들 중 대부분이 지주들에게 대가를 받지 않고 일을 해 주는 노예와 비슷한 처지가 되었다. 자기 땅을 가지고 있으면서도 돈을 빌려야만 했던 농부들은 세금과 생산비를 지불하고 나면 단지 수개월 동안만 연명할 수 있는 분량이 남기 때문에 이렇게 할 수밖에 없었다. 일단 빌리고 나서 빌린 돈을 정확한 시간에 돌려주지 않으면 그들의 땅을 잃는 것은 자명한 일이었다. 빚을 약속한 날에 갚지 못한 농부들은 고

리대금업자들이 보낸 깡패들에게 온갖 사디스트적인 학대를 받기
가 일수였다. 그러므로 1930년대의 한 작가의 글을 빌리자면 대부
는 "매달려 있는 사람에게 한 가닥의 노끈이 받쳐주는 것과 같은
방식"으로 농부들을 뒷받침했다.

그러나 고리대금뿐만 아니라 소작농과 임대 농업이 장기적인 면
에서 베트남의 발달에 끼친 아주 심각한 부정적인 영향은 산업과
상업(쌀의 수출을 제외하고)에 그들의 돈을 투자하기를 원하는 지
주들이 거의 없었다는 사실이었다. 1930년대 후반 농업 외 분야의
생산에 종사하고 있었던 전체 베트남인 인구는 총인구 2천 5백만
중 채 150,000명도 되지 않았다. 이 중 절정기인 1937년, 40,000명의
노동자들이 코친 차이나와 안남의 프랑스 고무 농장에서 일하고
있었으며 45,000명이 프랑스인 소유의 광산에서 일하고 있었다.

이 당시 베트남의 모든 산업이 얼마나 소규모이었는가를 알 수
있는 한 가지 방법은 베트남에서 가장 중요한 산업 물질이었던 고
무와 석탄의 가치를 쌀의 가치와 비교하는 것이었다. 프랑스 통치
기간 인도차이나에서 생산되었던 고무들은 모두 수출되었다. 이것
의 주요 종착지는 프랑스였다. 1920년대 중반까지 국가 철도 산업
과 더불어 지방 산업은 숲의 나무를 이용하였던 반면 베트남에서
생산된 석탄의 대부분은 수출되었다. 1920년대 중반부터 1930년대
중반까지 인도차이나는 총 생산량의 1/4도 안 되는 석탄만을 이용
할 수 있었다(다른 광산 물질인 아연, 주석, 금, 보석 등등 또한 수
출되었다).

비록 모든 생고무와 대부분의 광산물들이 수출되었지만 이것들
을 모두 합친 가치는 전체 수출의 10%도 채 되지 않았다. 사실상
수출되는 석탄과 고무의 전체 가치를 모두 합하면 2차 곡물인 옥
수수의 가치보다도 상당히 낮았다. 베트남에서 수출하는 쌀과 쌀
의 부산물은 평균적으로 1913년에서 1940년까지의 기간 동안 인

도차이나에서 수출되는 모든 수출품의 65%를 차지하였다. 코친 차이나에서는 매년 평균 약 2백만 미터 톤의 쌀이 수출되었다. 실제 베트남에서 수출되는 쌀과 쌀의 부산물들의 양은 1931년 이후 꾸준히 증가하였다.

그러나 쌀 수출량의 지속적인 증가가 생산량의 증가나 더 많은 토지가 사용되었다는 것을 의미하는 것이 아니었다. 이와 반대로 코친 차이나－수출용 쌀을 공급했다－의 전체 논 경작지는 1931－1936 기간 동안 10%나 감소하였다. 그러므로 이 기간 동안의 수출의 증가는 수 천명의 소작농과 임대 소작농들로 하여금 일자리를 잃게 하거나 소작지를 경작하고 있던 사람들은 대지주들에게 더욱 시달림을 당하게 되는 역설적인 결과를 낳았다. 그리고 이것은 다시 다른 두 지역에 거주하는 인구들로 하여금 항상 배가 고픈 생활을 하고 심지어는 때때로 심각한 기아선상에 헤매게 하는 원인이 되었다.

일본이 인도차이나를 점령한 5년의 기간 중 마지막 해였던 1945년, "굶주린 인구의 위기"라는 제목의 글에서 어떤 농경학자는 다음과 같이 썼다.

> 60년 동안의 프랑스 식민 기간 내내 우리 국민들은 항상 배고픔에 시달렸다. 지금처럼 사람들이 기아에 허덕이면 시체가 차곡차곡 쌓일 정도로 많은 사람들이 죽어갈 정도는 아니었지만 항상 배가 고팠고 너무 배가 곯아서 그들의 몸은 뼈만 앙상하였고 발육이 부진하였다. 또한 그들은 너무 배가 고파 한 끼의 식사가 끝나자마자 다음 먹을 식사 걱정을 해야했다. 마찬가지로 너무 굶주려서 전체 인구가 한 순간도 생존 문제 외의 다른 어떤 것에 대해 생각할 여유를 가지지 못하였다.

지속적인 굶주림으로 그들의 힘이 쇠잔해진 사실에도 불구하고 베트남 농민들은 내가 다른 곳에서 제시했던 것과 같이 지속적으로 대항했다. 1920년대와 1930년 즈음 농민 반란과 농민 개혁 항쟁은 국민의 저항과 깊은 연관이 있었고, 이는 다시 국제적인 상황과도 연결이 되었다. 예를 들면 1930년 4월 말 수천 명, 아니 수만 명의 농부들이 노동자의 날을 축하하고 세금의 폐지, 수탈된 토지의 반환, 사회 정의, 자유 등을 요구하는 대규모 시위를 수 차례 벌였다. 그리고 이러한 시위들은 짜임새를 다 갖춘 반란으로 재빠르게 변형되었다. 프랑스는 이러한 반란을 진압하는 데 1년 이상의 시간이 걸렸다. 응에 안(Nghe An)과 하 띤(Ha Tinh)의 중부 지역에서는 인도차이나 공산당(ICP)의 지역 조직의 지도력 하에 농부들이 두 개 지역을 점령하고 "응에 띤(Nghe Tinh) 소비에트"를 형성하였다. 이들은 프랑스의 잔혹한 진압 노력에도 불구하고 1년 이상을 방어하였다. 응에 안의 프랑스 Surete(프랑스 비밀 경찰) 특별국장은 이 운동을 요약한 글에서 이 움직임은 확실히 정치적인 것이었고 본질적으로 프랑스에 직접적으로 대항했던 것이라고 썼다. 그리고 그의 글에 의하면 체포되었던 수백 명의 사람들은 무엇보다도 제국주의와 맞서 싸우기를 원했었노라고 고백했다고 한다. 경제 공황뿐만 아니라 16,000명의 정치 활동가의 체포와 구속으로 이러한 움직임은 실질적인 종말을 고하게 되었다. 1935년 말 경제 상황이 회복되고 1936년 정치 운동가들이 감옥에서 풀려나기 전까지 그리고 프랑스에서 인민전선(Popular Front)이 우세해지기 전까지 농민들의 항쟁은, 혁명적이건 아니건 간에, 전혀 없었다. 1932년부터 1935년까지 베트남 농부들은 미증유의 수탈, 억압, 그리고 탄압에 고통을 받았다. 1930년 대 후반부에 정치적인 항쟁이 농촌에서 뿐만 아니라 소도시 및 대도시에서도 나타나기 시작하자 이들의 사회적, 경제적 상황은 개선되기 시작하였다. 가끔 수만 명의 농민들이 하노이(Hanoi), 후에(Hue), 사이공(Saigon)에 와서 집단 시위를 벌이기도 하였다. 이 즈음 농민들은 경제와 정치 반구 사이의 연관성을 완전히 이해하게 되었고, 그들의 지도자를 보호하고 지도자들의 분석과 지침에 귀를 기울이는 것이 중요하다는 것을 알게 되었다. 이러한 것들이 베트남 항쟁이 성공할 수 있었고 지속될 수 있었던 가장 중요한 요소들이었다.

그러나 여기서 중요한 부분은 이러한 모든 항쟁에 있어 베트남 부르주아들의 참여가 거의 없었다는 사실이다. 그 이유는 매우 간단하다. 산업과 상업 활동이 우리가 앞서 설명하였던 것처럼 고리대금과 토지소유보다 덜 이익이 된다는 사실 외에도 프랑스가 정책적으로 그러한 계급의 형성을 막았기 때문에 이러한 계급에 속하는 사람들은 거의 없었다. 수출과 수입의 대부분은 프랑스인과 그들에게 매수된 중국인들의 손에 있었다. 약간의 베트남인 자본가가 생기게 된 것도 1차 세계 대전 중 프랑스가 다른 곳의 문제에 골몰하고 있었던 시기의 일이었다. 1914년부터 1918년 사이에 평균 20명 내지 30명의 일꾼들을 고용하기 시작했던 베트남인 사업가들이 있었다. 응엔 티 땀(Nguyen Thi Tam)이라는 이름의 여성이 소유했던 석탄 채굴과 바익 타이 보오이(Bach Thai Buoi)가 소유했던 선박업소와 같은 몇 가지 사업체들은 1,000명까지의 노동자를 고용했다. 그러나 1930년대 베트남인이 운영하였던 제조산업, 채취산업 그리고 교통산업은 같은 계열에서 프랑스인들이 소유했던 사업체 전체의 1%밖에 해당하지 않았다. 베트남인 자본가들에게 고용되어 있었던 노동자들의 수 또한 아무리 잘 헤아려 보아도 농업 부문을 제외한 나머지 분야에 종사하던 노동자들 전체 수의 대략 3%에 지나지 않았다. 베트남인들의 기업 규모는 작았고 경제적인 생존을 위해 프랑스에게 거의 전적으로 의존하고 있었기 때문에 베트남인 자본가들은 대체로 프랑스와 결연을 맺었다. 단지 도시의 소수 소자본가와 관리 집안 출신으로 프랑스 식민 행정에서 일하던 도시 지식인들만이 1930년대 프랑스에 대항하는 항쟁에 참가하기 시작했다. 특히 이들은 자신들이 받았던 차별 대우 때문에 그리고 식민주의와 제국주의의 본질을 알게 되었기 때문에 합동 전선(United Front) 기간 동안 더욱 활발한 활동을 펼쳤다. 반면, 베트남인 지주 겸 관료들은 여전히 베트남에서 프랑스의 주요 거점으로 남아 있었다. 그러므로 베트남인들의 반제국주의 항쟁과 반봉건 항쟁은 기본적으로 전통적인 학자들과 도시 지식인들의 지도 아래 이루어진 농민혁명이라고 할 수 있다. 그러므로 이러한 혁명에서의 부르주아의 역할은 극히 적었으므로 서구적 의미에서는 이러한 혁명이 진실로 민주주의적이라고 여겨지기는 힘들었다.

호찌민(Ho Chi Minh)은 이러한 사실을 잘 인식하고 있었다. 그리하여 1945년 그는 고의적으로 그의 정부에 도시 자본가와 지식인의 배경을 가진 사람들을 가능한 한 많이 끌어들였다. 그는 이러한 희망을 배경으로 새 독립국가의 이름을 "베트남 민주공화국"이라고 하였다. 그러나 세계 2차 대전 후 미국과 영국에 의해 프랑스가 다시 베트남에 들어오게 되고 이에 잇따른 9년 동안의 전면전(이 전쟁 비용의 80%는 반공산주의라는 이름으로 미국이 지원하였음)으로 베트남 혁명은 모택동주의를 따를 수밖에 없었다. 이것은 가난한 농민들과 토지개혁에 더 많이 의지하는 것을 의미한다. 1953년 프랑스와의 전쟁이 막바지에 다다랐을 무렵 중국의 전문가들의 충고 아래 토지 개혁이 실행되었다. 중국 전문가들은 가끔 토지 개혁을 감독하기도 하였다. 이 결과 지주계급이나 부르주아 계급으로 간주되었던 많은 베트남인 혁명 지도자들이 죽음을 당하게 되었다. 프랑스에 대항하던 전쟁 초기에 호찌민은 다음과 같이 선언하였다. "아무 것도 독립과 자유만큼 소중하지 않다." 1954년, 베트남이 프랑스를 패배시키고 독립을 되찾았을 때 많은 베트남 국민들은 이에 대한 대가로 약간의 자유를 지불해야만 했다.

Ⅲ. 미국의 시대

1954년 프랑스는 베트남에서 완전히 패배했다. 그 유명한 디엔 비엔 푸(Dien Bien Phu) 전투에서뿐만 아니라 베트남 전역에서. 프랑스가 명예롭게 물러날 길을 열어주고 미국을 적대시하지 않도록 하기 위해, 중국, 소련, 그리고 베트남 혁명군은 협상을 하여 그 해 7월 제네바휴전협정을 체결했다. 이 협정의 가장 기본이 되는 두 가지 조항은 두 개의 군사적 재집결지역간에 잠정적인 군사분계선으로 북위 17도선을 두어, 그 선의 북쪽은 "베트남인민군"(the People's Army of Vietnam)이 관할하고 그 남쪽은 프랑스연합군의 관할로 한다"는 것과(제1조), 그리고 그에 따른 베트남의 재통일은 국제적인 감시에 의한 총선거를 통해 1956년 7월로 한다는 것이다(제14조와 최종선언). 그러나 1954년 8월 미국은 17도선 이남에 단독국가를 수립하기로 결정하고(이것은 제네바휴전협정을 정면으로 위반한 것이다) 베트남 남부지역을 남베트남(South Vietnam)으로 부르기 시작했다.[1]

1954년 7월21일 '일방적인 선언'에서 미국은 유일한 베트남을 거론하였고, 제네바협정의 모든 조항을 준수할 것을 약속했다. 그러나 <미국방부 보고서>(the Pentagon Papers)에 의하면, "8월에 국가안보위원회에 보고서가 제출되었을 때, 제네바협상은 미국 외교

---

[1] Gravel상원의원 편, *The Pentagon Papers,* (Boston: Beacon Press, 1971), vol. 1, p. 214. 이것은 이후 여기서는 간단하게 <펜타곤 문서>로 언급하기로 한다. 공식적으로는 <베트남정책에 대한 미국의 의사결정과정사>이며, 이 <인도차이나에 대한 미국 개입의 조사 47권 1급 비밀>은 로버트 맥라마라가 의뢰해서 레슬리 겔브(Leslie Gelb)가 이끌었다. 이 조사는 1969년 1월에 완료되었으며 이중 43권은 뉴욕타임스에 의해 1971년 6월과 7월에 공개되었다.

의 중대한 패배로, 그리고 극동에서 미국의 안보 이해를 위협할 가능성이 있는 것으로 평가되었다.[2] 그러한 국면을 바꾸기 위해 베트남에 미국이 직접 개입하려는 여러 가지 계획들을 아이젠하워 대통령이 거부하였기 때문에 "안정되고 독자적인 정부"를 남베트남에 수립하는 것을 포함한 "협상"안이 나오기에 이른 것이었다.[3] 이것은 후에 "지엠 대안(Diem Solution)"으로 알려지게 된, 이른바 베트남전쟁 참전결정이었다.

1955년부터 1975년까지 베트남의 남반부는 이 전쟁의 주요무대가 되었으며 이 남부 주민들 – 미국인들은 "남베트남인"이라고 불렀다 – 은 지리하고 갈수록 잔인해져 가는 전쟁의 주요 목표물이 되었다. 그러나 자신들에게 행해진 온갖 형태의 억압과 파괴의 수단에 대해서 남베트남인들은 도시에서나 농촌에서나 할 것 없이 대응함으로써 그 긴 전쟁 각각의 단계에서 결정적인 결과를 낳게 하였다. 이 점은 1975년 이후 전쟁에 대한 공식적인 베트남의 분석에서뿐만 아니라 미국의 보수적인 연구에서도 이데올로기적, 정치적 이유로 인해 의도적으로 분명히 밝혀지지 않는 부분이기 때문에 이 논문에서 집중적으로 다룰 것이다.

전쟁이 끝나자마자 북부 공산베트남지도자들은 전후 국가권력의 핵심부를 하노이가 장악한 것을 정당화할 목적으로 북부군사력과 지도자들의 역할을 실제보다 강하게 강조하고 남부의 투쟁운동과 혁명지도자들의 성과를 훼손시키는데 집중적으로 힘을 쏟기 시작했다. 완전한 쿠데타에는 못 미쳤지만, 많은 남부 혁명지도자들이 숙청되었고, 다른 무당파 정치운동가들이 폄하되었다.[4] 심

---

2) 같은 책, p. 177.

3) James Gavin(General), *Crisis Now,* (New York: Random House, 1968), pp. 47 – 49.

4) 더 자세한 것은 다음을 참조하라. Truong Nhu Tang, *A Viet Cong Memoir: An Inside Account of the War and Its Aftermath,* (New York: Vintage Books, 1986),

지어 보 응웬 지압(Vo Nguyen Giap)장군과 같은 북부의 고위 관리들조차도 개혁당의 노선을 따르지 않는 것들은 용서되지 않았다.

1975년 6월 30일과 7월 1일 일간 당보 인민(Nhan Dan)과 군사신문인 인민군대(Quan Doi Nhan Dan)에 실린 한 기사에서 지압장군은 베트남전쟁 승리요인을 자세하게 분석하였다. 거기서 그는 그 핵심이 "혁명전쟁에서의 강력한 연대"였다고 여러 차례 강조했다. 그러한 연대에는 민중봉기에 초점을 맞춘 군사적 공격, 정치투쟁과 군사적 투쟁의 연대뿐만 아니라 농촌과 도시에서 '권력을 인민에게 돌려주자'는 연대가 포함되었다. 이 기사는 즉각 배포가 취소되고 어떠한 공식적인 출판물에서도 다시 언급된 적이 없었다.5) 뒤늦게 1998년 레득토(Le Duc Tho)당시에도 여전히 베트남에서 가장 막강한 인물로 많은 사람들이 여기고 있던 사람이 군사연구소에서 한 강연에서 인민봉기와 같은 그러한 일은 없었으며, 남베트남의 도시 반정부운동은 여러 사이공 사회체제들을 약간 건드렸을 뿐 별일이 없었다고 말했다.6)

자신의 기사가 지탄을 받은 후 얼마 되지 않아 지압장군은 반

---

pp. 234－290[이후 <베트콩 회고록>].

5) 반 티엔 등 장군은 당시 지압장군의 부관이어서 두 개의 공식적인 문서에 공저자로 이름이 올랐다. 프랑스어와 영어판 Vietnam Courier 9·10월호에는 이 논문이 편집, 번역되어 실렸다. 그러나 당시 이 저널의 편집자이자 국제적으로 가장 유명한 베트남 지식인 중의 한 사람인 Nguyen Khac Vien 박사에 의하면, 번역판이 이미 7월에 인쇄되었다고 한다. Vien박사는 먼저 지압장군의 논문이 삭제된 이유, 그리고 이어서 이 저자에 대한 증오심을 1980년 1월에 확인했다. Vietnam Courier의 영어번역은 1976년 RECON 출판사(Philadelphia, PA)에 의해 How We Won the War 이라는 제목의 책으로 출판되었다. ISBN:0－916894－01－0.

6) "Dong Chi Le Duc Tho noi ve mot so van de tong ket chien tranh va bien soan lich su quan su"(전우 Le Duc Tho는 베트남 전쟁에 대한 일반적인 평가와 軍史기록에 관한 많은 문제를 논의한다), *Tap Chi Lich Su*(군사저널), (1988. 3): 1－10.

띠엔 둥(Van Tien Dung)장군에 의해 국방장관이 되었다. 반 띠엔 둥은 철필(But Thep)이라는 이름을 가진 당의 대필작가와 함께 남베트남의 해방을 가져온 사건들에 대한 역사적 기록과 재해석한 책을 썼는데 이 책은 위에서 말한 당의 새로운 노선을 지지하는데 기여했다.7) 1982년 쩐반짜(Tran Van Tra)장군, 즉 1963년부터 1975년까지 남베트남의 인민해방군(베트콩) 사령관이며 남베트남을 해방시킨 호찌민 전투의 부사령관이었던 그가 그 전투에 대한 회고록을 출판했는데 이는 그 기록을 바르게 하려는 공개적인 시도였다.8) 그러나 하노이의 고위 당 지도부는 그 출판을 승인하지 않았으며, 따라서 그 책은 즉각 배포 중지되었을 뿐만 아니라 쩐반짜 장군은 모든 공직에서 추방되었다. 마찬가지로 보 응웬 지압 장군도 후에 정치국과 당중앙위원에서 축출되었다.

그러나 베트남에서의 수정주의적 노력들은 한때 형제 같았던 혁명지도자들과 그 추종자들간에 단순히 전후 남·북에 있어서 긴장관계를 초래했던 것만은 아니다. 역설적이게도 그러한 역사 다시 쓰기는 미군이 북부 베트남을 초토화하도록 허용되었더라면 "북베트남의 침공"을 저지할 수 있었을 것이고 그 전쟁에서 이겼을 거라고 주장되는 미국 보수주의자들을 강력하게 지원해왔다. 이 보수주의자들은 또한 '진보적'인 미국언론과 미국의 반전운동을 사이공정부에 대한 지원을 축소하여 남베트남을 잃게 한 미국 의회의 패배주의적 태도에 궁극적으로 책임이 있는 것으로 비난했다. 이 비열한 이론은 미국에서 많은 반발을 야기하였으며 그리

---

7) Van Tien Dung, *Our Great Spring Victory: An Account of the Liberation of South Vietnam*, (New York: Monthly Review Press, 1977).

8) Tran Van Tra, *Vietnam: History of the Bulwark B2 Theatre*, vol.5: Concluding the 30 Years War, (Washington, D. C.: Foreign Broadcast Information Service, Southeast Asia Report. No. 1247, Joint Publication Research Service(JPRS) 82783, February 2, 1983).

고 또한 미국과 베트남간의 관계정상화를 거의 25년 가까이 막았던 것이다.

일반적으로 말해, 베트남 전쟁은 대략 5시기로 나눌 수 있다. 제1기는 1955년부터 1960년까지인데 1960년 "총궐기"(dong khoi)에서 배태된 지엠(Diem)정권의 억압과 압제에 대한 자발적이고 광범위한 저항과 그 해 말 남베트남해방전선(NLF)의 창설이 있었다. 제2기는 1961년 초부터 1965년 중반까지로, 농촌지역에서는 해방전선 지휘하에서 동시투쟁이 있었고, 도시지역에서는 지엠정권의 붕괴를 가져왔으며, 그 뒤를 이어 대 여섯 번 사이공행정부를 무너뜨린 다양한 종교적, 정치적 조직들이 주도한 광범한 반정부운동이 있었다. 제3기는 1965년 중반에서 1968년 말까지로 미국 정책결정자들과 군사지도자들은 '제한된 전쟁' 또는 '소모전'의 기간으로 언급되었다. 그러나 이 기간 동안에 전쟁은 미국이 남베트남 농촌지역을 파괴하기 위해, 그리고 1968년 대공세 기간과 그 후에는 도시지역을 파괴하기 위해 동원할 수 있는 자원의 이용가능성에 의해서만 제한된 것이었다. 제4기는 1969년 초부터 1972년 말까지로 '대화–전투'기간, '베트남화 기간', '닉슨전쟁기간' 등으로 다양하게 불렸다. 리처드 닉슨대통령이 파리평화회담의 진전은 자신의 '베트남화 프로그램'의 성공에 달렸다고 미국 텔레비전에 등장할 때마다 '아주 분명하게 밝힌' 기간이었다. 이 기간에 폭격의 증가와 '증강된 평화화 프로그램'을 통해 남베트남의 유래 없는 파괴가 발생했다. 그러나 남부 도시지역에서 여성, 학생, 노동자와 지식인들의 대대적인 반대운동은 남베트남 정부를 고립시켰으며, 남베트남과 미국 관리들에게 베트남화 프로그램에 대한 의구심을 심어주었다. 이러한 모든 요인들은 더욱더 1972년 미국과 남 베트남 측의 군사적 패배로 이끌었으며, 북베트남과 남베트남 해방전선의 시기 적절한 외교공세에 의해 마침내 닉슨정부는 파리평화

협정체결에 합의하지 않을 수 없었다. 그리고 제5기 마지막 기간
은 1973년 1월말 파리평화협정의 체결 후부터 1975년 4월말 남베
트남 정부의 붕괴까지인데 '전후 전쟁'기간으로 알려져 있다. 이
글에서는 이 기간에 초점을 맞추어 미국과 남베트남 정부의 활동
이 왜 남베트남 뿐만 아니라 베트남 전체에 민주적인 결실을 가져
올 수 있는 대부분의 가능성을 파괴하는데 공헌했는가를 제시하
기로 한다.

　미국과 티우(Nguyen Van Thieu)정부는 파리협정을 체결하지 않
을 수 없었지만, 그 협정을 문자 그대로 수행하는 것이 최종적으
로 베트남 혁명군에 의한 정권탈취로 이어질 것이라고는 결코 생
각하지 않았다. 그래서 파리협정이 남베트남에 동등하고 평등한
두 당사자-남베트남 정부와 임시혁명정부(PRG)를 설정하고 이
두 당사자가 미국의 간섭 없이 완전한 민주적인 권리를 갖는 조건
에서 정치적 타협을 이룬다고 되어 있으나, 미국과 티우대통령은
남베트남에서 임시혁명정부의 어떠한 정치적 역할도 일관되게 부
인하였다. 파리평화협정 제12조는 또한 '전국 민족화해와 단합위
원회'가 "동등한 세 개 분파"로 창설하도록 명문화하고 있다.

　세 번째 파는 당시에 알려진 어느 쪽에도 속하지 않은 "중립주
의자"나 "제3세력"으로 구성하도록 되어 있었다. 그러나 파리협정
을 체결하자마자 티우는 미국의 묵인 하에-노골적인 지원을 말
하지는 않았지만-자신의 '4 No'정책을 되풀이했다. 그 4 No정책
은 적을 인정하지 않는다, 연립정부는 안 된다, 베트남 남부지역의
중립화는 안 된다, 그리고 영토의 양보는 안 된다 등을 포함한다.
후에 사이공 외교관계위원회의 영자 출판물인, <베트남 보고>
(Vietnam Report)의 1973년 7월15일자 인터뷰에서 티우는 "베트콩
들은 현재 자신들이 지배하고 있는 지역을 정부를 갖춘 국가로 전
환하려고 하고 있다. 그들은 그것이 남베트남에서 제2의 체제가

되어야 한다고 주장할 수 있다 … 무엇보다 우리는 남베트남 해방전선이 국가, 즉 남베트남 내에 제2의 국가를 세우지 못하도록 최선을 다해야 한다”고 말했다. 같은 인터뷰에서 티우는 제3분파에 대해 어떠한 역할도 배제했으며, 모든 제3세력을 친-남베트남 해방전선세력으로 분류했다. 1974년 11월13일 한 연설에서 티우는 정부의 모든 수단이 제3세력의 태동을 막는데 사용되어야 한다고 말했다.9)

티우의 ‘4 No’정책에 맞추어, 하노이 정치국은 ‘다섯 가지 금지사항’을, 북베트남에서 온 모든 군대는 물론 남베트남의 해방전선군에게 지시했다. 그들에게는 적에 대한 공격, 토지확보작전을 수행하고 있는 적의 부대 공격, 전진기지의 포위, 전진기지의 폭격, 전투촌의 건설 등이 금지되었다. 지역의 반항이 있는 드문 경우를 제외하고는 하노이의 접근방법이 파리협정 체결 후 거의 한 해 동안 확산되었다.10) 후에 레득토는 1988년 3월에 발행된<군사저널>에 실린 기사에서 파리협정체결 후 많은 문제들이 베트남 정책결정자들의 신중한 태도에 영향을 미쳐, 결과적으로 협정체결 후에는 방어적인 자세를 취하게 만들었다는 것을 인정했다. 하나는 소련과 중국이 베트남에 대한 모든 군사원조를 중단했으며, 그리고 중국은 겉으로 드러나지 않은 이유로 모든 경제적 원조도 중단한 것이다. 또 하나는 “정국에 대한 설명을 하러 남베트남으로 간 일부 고위(북의) 간부들이 재건을 위해 평화적인 입장을 유지한다는 것을 매우 강조했다는 사실이었다. 그래서, 당시 우리들(남의) 형제들이 적의 공격을 받는 지역에서 간단히 철수하거나 마지못해 현상유지를 하려고 했지 싸우려고 하지 않았다.”11)

---

9) *Chinh Luan*, 1974년 11월 14일자.
10) *The Vietnam Wars*, pp. 286−289.
11) “Dong Chi Le Duc Tho noi ve mot so van de tong ket chien tranh va bien soan

그러나 남베트남정부는 북베트남과 임시혁명정부에 의한 어떠한 압박에도 굴하지 않았다. 파리협정체결 후 유엔은 티우정부에 매우 많은 무기를 제공했다. Peter Olenchuck 소장은 1973년 5월 8일 미 상원 군사위원회에서 "우리는 우리가 가지고 있는 전체적인 재고량 내로 우리들 스스로를 줄였으며, 또한 기초자산에 입각하여 보유단위를 줄였다. 또한 어떤 경우에 우리는 유럽으로 가야할 장비를 전용했다"고 증언하였다.12) 1974 회계연도에 미 의회는 사이공에 군사지원 1억 달러 이상을 제공했다. 남베트남은 가능한 많은 군수물자인 7억 달러 어치를 지불했다. 이것은 최소한 3억 달러의 재고를 남겼으며, 이는 파리협정의 위반이었다. 협정에 따르면 장비는 1대1의 원칙에 의해서만 대체될 수 있었다. 1975 회계년도에 미 의회는 다시 군사원조 10억 달러를 승인했으나 7억 달러, 즉 1974년에 실제 지출된 정도의 것이 지출되었다.

티우는 분명 미국의 군사원조에 고무되어 임시혁명정부의 통제하에 있는 지역에 대한 무차별 폭탄투하와 폭격뿐만 아니라 지상 공격을 통해 즉각 소위 '전국토의 초토화 군사작전'을 수행하였다. 1974년 2월 16일자 워싱턴 포스트지는 미 국방성 관리의 말을 이용하여 자신들이 필요로 한 보급품이 미국으로부터 모두 대체되어 갖게 될 것을 충분히 알고 있었기에 티우의 무장세력들은 자유지역(즉 PRG의 통제지역)에 맹목적으로 사격을 하고 있었다고 보도했다. 주베트남연합사령부와 미태평양사령부를 담당하고 있는 미 국방성 무관의 한 연구에 의하면, 남베트남에 의한 공격 회수

---

lich su quan su", *Tap Chi Lich Su Quan Su* (March, 1988): 1 − 10.

12) Fiscal year 1974 Authorization for Military Procurement, Research and Development, Construction Authorization for Safeguard ABM, and Active Duty and Selected Reserve Strengths, hearings before the Committee on armed Services, United States Senate, 93rd Congress, pt. 3, Authorizationis (Washington, D.C.: U.S. Government Printing Office, 1973), p. 1383.

의 농촌의 비율을 공산군에 의한 것과 비교해 보면 16:1 정도였다고 밝혔다. 군사지역 Ⅱ, Ⅲ는 남베트남 사령관들이 지속적으로 가장 공세적이었던 지역이었고 일부 미군 장교들이 공산군의 통제지역에 대한 아무 때나 '끝이 없이 괴롭히고 군사행동을 막기 위한 공격'이 여전히 매우 흔했으며 그 비율이 50대 1이었다고 말한 지역이었다.13) 폭격 외에 평균 약 15,000개의 폭탄이 투하되고 1만여 개의 다른 군사작전이 매달 농촌지역에서 실시되었다. 롱안(Long An)군이 조사한 연구에 의하면, 파리협정조인 후 남베트남민족해방전선(NLF)의 통제하에 있던 모든 마을이 4 내지 5회의 폭격을 당했으며 하루에 평균 일천 회의 포격을 받았다. 대규모 병력에 의한 반복적인 공격이 실시되어 결과적으로 1973년 5월부터 8월까지 롱안지역의 혁명군은 남베트남군과 3,300여 회 전투를 하지 않을 수 없었다.14)

그러나 남베트남정부의 군사공격은 또한 민간인에 대한 말할 수 없는 사상자를 냈으며 남베트남군도 위험과 죽음에 노출되었다. 1973년 8월 30일 프랑스 르몽드지의 보도에 의하면, 파리평화협정 이후 남베트남군의 약 4만 1천 명이 이미 사망했으며, 4,000명이 실종되었다고 한다. 그러나 남베트남정부는 늘어나고 있는 자체 사상자 통계수치를 결코 밝히지 않았으며, 그리고 티우대통령이 농촌지역에 대한 공격을 늘림에 따라 그 사상자비율도 계속 올라갔다.

설상가상으로 1973년과 1974년 티우정부에 대한 경제적 원조가 증가하였기 때문에, 티우정부는 자신감을 가지고 PRG지역에 대해

---

13) Vietnam: May 1974, Staff Report Prepared for the Use of the Committee on Foreign Relations, United States Senate, (Washington, D.C.: U. S. Government Printing Office, August 5, 1974), p. 22.
14) *Bao Cao* ⋯ *Long An*, pp. 127−130.

기아와 굶주림의 고통을 주기 위해 고안된 "경제봉쇄"를 수행하였다.15) 티우가 '공산주의자들'을 굶겨서 몰아내어 패퇴시키기 위한 '경제봉쇄' 정책 수행에 최선을 다하라고 자신의 무장세력을 독려했다고 자주 인용되었다.16) 이 경제봉쇄는 당시 미국 언론에는 '쌀전쟁'(rice war)으로 알려졌는데, 마을간의 쌀 수송 금지, 정부이외의 도정금지, 가정에의 쌀 보관 금지, 그리고 정부가 허가한 구매자이외의 사람에게 마을 밖으로의 쌀 판매 금지 등이 포함되었다.

기아와 굶주림의 확산이 그 결과였다. 남베트남 의원들과 카톨릭 신부들의 조사에 의하면, 중부 지역 인구의 60% 가까이가 나무껍질, 선인장, 바나나뿌리, 기타 뿌리를 먹는 상태로 전락했다. 어린아이들과 노인들이 일차 희생되었다. 어떤 중부지역 마을들에서는 기아로 인한 사망자가 매달 마을 전체 인구의 1∼2%에 달했다.17) 1974년 9월 30일 대민족(Dai Dan Toc) 신문은 의원들이 남베트남 국회에 제출한 공식보고서를 이용하여 트어 티엔(Thua Thien) 지방의 흐엉 디엔 (Huong Dien), 빈 록, 푸투(Vinh Loc, Phu Thu), 푸방(Phu Vang) 4개 지역 만에서도 전체 50만 명 인구 중에서 1974년 중반 지 2만 1,596명이 굶어 죽었다고 밝혔다. 이 신문은 같은 문제에 대해 꽝 띤(Quang Tin), 꽝 응아이(Quang Ngai), 푸 이엔(Phu

---

15) 같은 기간 티우정부에 대한 경제원조 또한 증가하였으며 외국원조법과 "평화를 위한 식량"과 같은 여러 가지 프로그램이 통로가 되었다. 예를 들면, 1974년 12월 17일과 18일, 미국 의회는 외국원조법을 통과시켜, 티우정부에 대한 4억5천만 달러의 경제원조를 승인했다. 이것은 1974 회계년도에 의회에 의해 승인된 것보다 1억 달러 이상 많은 것이다. 1975년 1월16일자 Dien Tin 지에 의하면, 티우정부에 대한 미국 경제원조의 90%가 전쟁을 치르는데 쓰였다. 경제봉쇄와 그 영향에 대한 자세한 보고서는 the Congressional Record, 1974년 5월20일자와 6월 4일자 참조.
16) *Dai Dan Toc*(위대한 민족공동체, 하원의원들이 운영하는 한 사이공 일간지), 1974년 8월 8일자.
17) *Dai Dan Toc*, 1974년 8월 30일자.

Yen), 그리고 빈 딘(Binh Dinh)도 지방 출신의원들이 현지의 심각한 굶주림과 기아문제에 대한 공식보고서에서 발췌한 가슴 에이는 내용도 있었다. 사이공의 가장 부유한 떤 딘(Tan Dinh)구 지역에서 조차도 1974년 늦여름 카톨릭 학생들이 한 조사에 의하면, 전체 가구의 22%만이 먹을 것이 충분하다고 밝혔다. 전체 가구의 절반은 하루에 쌀죽과 죽을 먹을 수 있었으며 나머지 가구는 굶었다.[18] 그리고 한때 쌀이 풍부했던 메콩강 삼각주에서도 심각한 쌀 부족 현상을 많은 지역에서 흔히 볼 수 있게 되었다.[19]

경제에 대해 말한다면 티우의 정책들은 심각한 불경기를 야기시켰다. 1974년 2월25일 평화(Hoa Binh)신문(사이공에서 발행되는 보수적인 카톨릭 일간신문)은 판 꽝 전(Phan Quang Dan)부수상이 남베트남정부가 통제하고 있는 지역에서만 실업자가 300만~400만 명이 있다고 한 불평을 인용 보도했다. 티우 지배하의 베트남 전역에서 농장들은 무더기로 노동자를 해고하고 있었다. 농장주들은 노동자들을 자주 학대하고 잘라버리겠다고 모욕을 주었다. 심지어는 외국기업들도 모든 소득세의 면제와 같은 많은 특권을 누리고 있던 고용인력을 30% 줄이지 않을 수 없었다.[20]

기아와 실업으로 인해 범죄, 자살, 그리고 시위 등이 남베트남정부가 통제하고 있는 전역에서 증가했다. 1974년 9월11일 디엔 띤(Dien Tin)지는 기아와 실업으로 인한 자살문제에 대해 다음과 같이 언급했다.

이러한 종류의 자살에 직면하여 국민들은 정부, 특히 사회복지부가 어떤 긍정적인 태도를 보여줄 것을 기대한다. 그러나 사정은 이와

---

18) *Chinh Luan*(공식토론, 매우 보수적인 사이공 일간신문으로 당시 CIA와 관계를 맺고 있다고 비난을 받았다), 1974년 11월 5일자.
19) *Dien Tin*, 1974년 9월 6일, 20, 22, 24일자; *Dai Dan Toc*, 1974년 9월 30일자.
20) *Dien Tin*, 1974년 9월 20일자.

반대였다. 그들은 모든 일을 무시하는 것을 넘어서 죽은 사람들을 욕했다 … 우리는 무엇을 기다리고 있는가? 불쌍한 사람들을 돕기 위한 운동을 조직하지 않겠는가? … 굶주림으로부터 사람들을 구할 운동을.

이러한 호소 결과, 기아구제위원회가 일부 만들어졌으나 내무부 장관은 굶주리고 좌절한 사람들의 집합장소가 될 것을 우려하여 즉각 이 기구를 불법화했다.[21] 남베트남정부는 이 기아구제위원회를 하나의 위협으로 보고 탄압을 했으며 전국 모든 지역에서 굶주린 사람들에게 식량을 주는 것을 계속해서 막았다고 한다.[22] 남베트남정부의 부패와 무능은 급기야 남베트남의 보수적인 신문인 동 프엉(Dong Phuong)이 1974년 9월 27일자 사설에서 다음과 같이 쓰게 만들었다.

남베트남 사람들이 굶주리고 있으며 많은 가족들이 죽었으며 중부 지역에서는 수 백만 명이 죽과 식물뿌리 죽으로 연명하고 있다고 한다. 많은 사람들이 어쩔 수 없이 먹는 풀과 선인장으로 인해 죽기조차 했다. … 남베트남 주민 수 백만 명이 겪고 있는 굶주림과 고통은 꼭대기까지 가득 찬 쌀창고 옆에서 일어났다. 그리고 풍요, 부, 무능, 많은 부패한 공무원들, 쌀을 투기하여 쌓아둔 사람들, 그리고 전쟁과 병사들이 흘린 피 위에 자신들의 부를 쌓은 몇몇 사람들이 벌이는 축제가 보이는 곳에서 일어났다. … 그러므로 우리가 직면한 가장 긴박한 책임감은 가난구제운동을 벌이는 것만이 아니다. 모든 국민들은 또한 열심히 투쟁해야 한다. 부패의 일소를 위하여, 불의를 없애기 위하여, 민주적인 자유를 실현하기 위하여, 평화를 심기 위하여 그리고 우리 국민들에게 너무나 많은 비극적인 상황을 만들었던 사람들을 몰아내기 위해.

---

21) *But Thep*(철필, 극히 보수적인 남베트남 일간신문), 1974년 10월 7일자.
22) 이것은 남베트남 언론에 자주 보도되었다. 예를 들면 다음과 같다. *Dai Dan Toc*, 1974년 11월 19일자; *Dien Tin*, 1974년 11월 22일, 12월 16일자.

일자리와 먹을 것을 요구하는 데모가 거의 매일 일어났다. 여기 몇 가지 사례들은 유일한 사이공의 한 일간지에서 임의로 뽑은 것으로 도시의 투쟁이 1974년 8월과 9월에 집중적으로 일어났음을 보여준다. 1974년 8월 30일자 디엔 띤(Dien Tin)지 보도에 의하면 투 티엔(Thu Thien)도 도화(Do Hoa)마을에서 상이용사와 주민 1,000명이 가시철조망으로 거리에 바리케이트를 치고, 정부가 식량과 일자리를 제공하도록 요구했다고 한다. 그 후 9월 19일에는 사이공과 쩌런(Cholon)의 116개 노동조합이 모여 식량과 의복, 그리고 학대와 부당한 해고를 하지 말라고 요구했다(Dien Tin, 1974. 9. 20). 이틀 뒤인 9월 21일에는 사이공, 쩌런, 그리고 지아 딘(Gia-dinh)의 전체 노동자들이 식량과, 의복, 그리고 임시구호를 요구하는 데모를 했다(Dien Tin, 1974. 9. 22). 이 시위가 계속되는 동안, 남베트남 제2도시인 다낭(Danang)에서는 엄청난 노동자들이 가두시위를 하고 대규모 단식투쟁에 들어갔다(Dien Tin, 1974. 9. 22, 24).

시위대는 선택적이기 하지만 극히 가혹한 진압을 당했다. 예를 들면, 1974년 11월 1일 진보적인 카톨릭신부인 응웬 응옥 란(Nguyen Ngoc Lan)신부와 의원 몇 명이 사이공 가두시위시 심하게 구타를 당했다.[23] 다음날 상이용사들도 시위에서 구타를 당했다.[24] 그 다음날 사이공의 짜인 땀(Chanh Tam)구의 시위에서 티우의 경찰병력들은 시위군중에게 발포를 하여 한 명이 죽고 여러 명이 다쳤다. 이들 경찰들은 또 주택을 불태우고 성당들을 파괴했다. 그 지역 사람들과 종교지도자들이 항의를 했을 때, 티우정부는 간단히 말했다. 그 지역의 공산주의자들에 대한 정규적인 군사작전을 수행하고 있었다고.[25]

---

23) *Chinh Luan, Dong Phuong, Song Than*(성스런 물결), 1974년 11월 2일자.
24) *Dien Tin*, 1974년 11월 3일자.

티우의 군사적 공격과 '경제봉쇄'로 인한 죽음과 고통은 티우정권에 대한 일반국민의 적대감을 크게 했을 뿐만 아니라 PRG로 하여금 다시 싸우지 않을 수 없게 했다. 1974년 여름, PRG의 반격으로 인해 티우의 무장세력들은 잇따라 "전술적인 후퇴"를 하지 않을 수 없었다. 매우 튼튼하게 방어되고 있던 삼각주 지역에서조차 남베트남정부는 "기동성과 방어력" 증강을 위해 800개 포 기지와 요새를 포기해야 했다.26) 롱안지방의 북부절반은 메콩강 삼각주의 관문으로 간주되었는데 거의 해방되었으며, 남베트남정부군은 아침 6시에서 오후 4시까지만 간선도로로 다닐 수 있었다. 끼엔 뜨엉(Kien Tuong) 지방은 롱안도의 서쪽에, 그리고 사이공의 남서쪽으로 인접해 있는데 대부분 해방되었다.27)

그러나 티우정부와 미 포드행정부는 전반적인 경험에서 얻은 몇 가지 교훈을 수렴하고 파리협정으로 돌아가자는 PRG뿐만 아니라 베트남 일반국민의 요구에 부응하기보다는 대신에, 속임수를 써서 미 의회로부터 더 많은 지원을 얻어내 이미 가망이 없는 전세를 만회해보려고 했다. 이를 위해 포드행정부는 그들이 오랫동안 가지고 있던 계획을 실행하려고 했다. 이것은 미 의회로부터 더 많은 원조를 얻어낼 수 있고 베트남에 대한 통제를 일부 계속 유지할 수 있게 할 우익연합으로 티우를 대체하는 것이었다. 고위 미 정보부(CIA)요원들이 1974년 9월과 10월에 남베트남에 대거 파견되었다.28) 주남베트남 미대사관은 티우 다음 정부에 대해 폭넓은 국민적인 지지를 보여주도록 공공연하게 카톨릭, 불교, 카오 다이(Cao Dai)와 호아 하오(Hoa Hao)교회들로 된 보수연합세력을 부추겼

---

25) *Song Than, Dong Phuong, Chinh Luan*, 1974년 11월 2일자.
26) *Chinh Luan*, 1974년 9월 25일자.
27) *Bao Cao … Long An*, pp. 131−132.
28) *Washington Post*, 1974년 11월 2일자.

다.29) 그리고 티우에 반대하는 범우익카톨릭운동은 티우의 6대 부패혐의에 대한 협소한 비난에 기반을 두었으며 이것은 반부패켐페인이라고 불렸다. 이 캠페인의 의장이었던 쩐 흐우 타인(Tran Huu Thanh)신부는, 카톨릭이 이러한 행동에 참여하는 이유는 "남베트남 또한 깨끗한 정부를 필요로 하며, 그래서 우리의 동맹국들이 우리를 신뢰할 것이며, 그리고 외국 원조와 투자를 할 것이기 때문이다."라고 말한 것으로 워싱턴 포스트지에 인용되었다.30)

사이공에서의 쇼와 지지할 만한 가치가 있는 정부가 곧 있게 될 것이라는 포드행정부의 약속에 의해 감명을 받았던지, 12월 17일과 18일에 미 의회는 1975 회계년도에 사이공에 대해 4억5천만달러의 경제원조를 승인했는데 이것은 1974 회계년도에 전체 승인된 액수보다 1억 달러 증가한 것이다. PRG는 미국의회의 이러한 조치를 남베트남정부에 대한 새로운 공약으로 명백히 해석했다. 이에 대응하여 그들은 티우의 공세적인 군사적 태도에 더욱 반격을 가했고, 1975년 1월초까지 8개 구와 한 개 도를 PRG가 장악했다. 그러나 미국과 남베트남은 이 기회를 이용하여 미국 의회가 원조요구액을 삭감하여 남베트남을 군사적으로 약화시켰다고 비난하고 추가지원을 해야 한다고 떠들어댔다.

그러나 대부분 사이공 옵저버들에게는 이미 분명해졌다. 추가원조는 남베트남정부를 빨리 붕괴하지 않도록 할지는 모르지만, 기껏해야 그 고통을 연장할 뿐이라는 것을. 다음은 남베트남의 좀 더 보수적인 여론형성자들의 이야기 중에서 일부 발췌한 것들이다.

후엔 쭝 짜인(Huynh Trung Chanh) 베트남 하원의원은 1975년 1월17일자 디엔 띤(Dien Tin)지 사설에서 다음과 같이 썼다.

---

29) *Hoa Binh*, 1974년 9월 27일자.
30) *Washington Post*, 1974년 10월 7일자.

남베트남 공화국 지도자들은 이제 현재의 악화되고 있는 상황이 원조부족에서 기인한다는 견해를 확산시키고 있다. 그러나 이 난국이 원조의 부족 때문이 아니라 국민의 지지를 못 받고 있기 때문이라는 것이 실상이다. 지난 몇 년 동안 원조가 매우 풍부했는데 지금까지 무엇이 해결되었는가? 이제, 이러한 군사적 상황에 대처하기 위해 추가원조가 있다면, 그러면 이 어려운 기간이 연장될 뿐이고 결국은 아무 것도 해결되는 것이 없을 것이다.

자신의 유명한 필명 티엔 호(Thien Ho 천국의 호랑이)로 알려진 극보수적인 카톨릭 성직자 응웬 꽝 림(Nguyen Quang Lam)신부 조차도 대민족(Dai Dan Toc) 2월 10일자에 다음과 같이 기고했다.

어제 나는 추가로 3억 달러 또는 30억 달러의 원조가 있더라도 남베트남이 여전히 붕괴를 피할 수 없을 것이라고 썼다. … 그 날 오후 한 독자가 내게 전화를 걸어 내가 그것을 더욱 강하게 주장했어야 했다고 말했다. 나는 말하지 않을 수 없다. 미국의 원조가 많으면 많을수록 남베트남의 붕괴는 더욱 더 빨라진다고. 내가 해야 할 것은 우리 사회를 둘러보고는 것이고 … 생각해보니, 독자의 말도 일리가 있다. 미국 달러가 진정으로 우리의 사고방식을 바꾸었다. 사람들은 서로 다투어서 매춘부가 된다. … 즉, 가장 빨리 그리고 가장 약탈적인 방법으로 부자가 되려고 … 우리의 군인들이 왕국이 도래할 때까지 쓸 수 있는 탄약을 지하실에 가득 갖고 있다할지라도, 적을 볼 때마다 살기 위해 도망가는 것은 당연하다.

남베트남 정부가 붕괴직전에 있으며 그리고 어떠한 군사적인 대결에 대해서도 더 이상 아무관심이 없다는 것이 매우 보수적이고 반공적인 요소들의 위에 언급한 사이공 정세설명에서도 분명하게 드러난다. 1975년 3월초 공산주의 세력들이 공세를 마침내 시작했을 때, 가는 지역마다 거의 전투가 벌어지지 않았다. 판명된 바와 같이 북베트남 군대는 남베트남으로 물밀 듯이 밀고 들어가 남베트남 정부로부터가 아니라 남베트남 혁명군들로부터 정권을

강탈했던 것이다.31)

강제로 남베트남을 군사적으로 탈취한 후 북베트남 공산당지도
자들은 남베트남 혁명군들을 숙청하고 대부분의 이전 제3세력사
람들을 무시하기 시작했다. 1982년 북베트남 민주당과 사회당이
해체되어있고, 따라서 베트남 공산당이 남아 있는 베트남의 유일
한 정당이었다. 부분적으로는 전쟁 종결 후 끔찍한 경제형편 때문
에, 그리고 1970년대 후반에서 1980년대 초에 아래로부터, 특히 소
작농으로부터의 변화를 요구하는 광범위한 압력 때문에, 몇 가지
경제개혁이 1986년에 시작되었다. 이 개혁과정을 도이 머이(doi
moi) 또는 쇄신이라고 부른다. 국제통화기금(IMF)과 세계은행에서
파견 나온 직원들에 의하면, 베트남 국부의 약 45%가 상위 5분의
1로 집중되었다고 한다. 이 새로운 부자들(nouveau riche) 중 많은
사람들이 공산당원과 고급관료였다. 이제 새로운 계급의 "붉은 자
본가들"(red capitalists)이 존재하기는 하나 이들이 궁극적으로 베트
남의 민주화에 도움을 줄 것인지의 여부는 아무도 모른다. 한편,
1992년이 되어서야 비로소 개정된 헌법은 베트남 공산당이 "국가
와 사회를 주도하는 세력"이지만 그 운영은 "헌법과 법률의 테두
리 내"로 제한된다고 규정했다. 나아가 부분적으로는 헌법과 뒤이
은 제도변화로 대통령, 수상, 그리고 국회의 권력이 강화되고, 그
리고 지방과 자치단체의 인민회의와 위원회에 많은 책임이 이양
된 탓도 있겠지만, 공산당은 이전보다는 약화되었다. 그렇지만 재
무부와 공산당의 재정통제위원회가 1998년 9월에 공동 발표한 것
에 따르면, 중앙에서 마을까지 공산당조직의 예산은 모든 정부기

---

31) A Viet Cong Memoir, pp. 258−290. Tran Van Tra 장군은 미국 콜럼비아 대
　　학 강연에서 대부분의 경우 도시와 읍을 탈취한 후 북베트남 군이 도착했
　　다고 말했다. 사이공에는 이미 공병 1만명과 게릴라 1만명이 북베트남군
　　의 최종 공격이 전에 주둔해 있었다. *Vietnamese and American Perspectives*,
　　pp. 121−122를 보라.

관의 예산보다 각각 1.5배에서 2배 많았다. 여기에는 국가예산에서 신문발간, 당원에 대한 교육훈련 및 '연구'와 같은 다양한 당의 활동에 대한 보조금은 포함되지 않았다.

2001년 4월에 베트남 공산당은 제9차 전당대회를 열고 당의 주도적인 역할과 '평화적인 발전'에 대해 당이 인식한 위협을 재확인했다. 이것이 민주화를 위한 강령이다. 다원주의와 다당제에 대한 모든 공적인 논의는 여전히 엄격히 금지되어 있다.

태국의 1976년 10월 6일 유혈사태

수타차이 임프라서트
(Suthachai Yimprasert)*

I. 서 론

1976년 10월 6일의 사건은 태국 역사상 최대의 유혈사태로 기록되었다. 이 날, 태국의 지배엘리트들과 여러 반동 집단들은 방콕시 한 복판에서 많은 학생들과 시민들을 학살했다. 이 사건으로 살인마들의 과오와 죄악이 만천하에 드러나게 되었다. 많은 태국인들이 즐겨 말하는 태국이 평화를 사랑하는 불교 국가라는 말이 무색하게 되었다.

이 사건을 방콕 중심가에 있는 탐마사르트(Thammasart)대학에서 일어나 많은 사람들이 목격했지만, 이상하게도 체포되어 재판을 받은 살인자는 아무도 없었다. 도리어 그 인간도살자들로부터 살아남은 학생과 국민 삼천 명이 같은 날 구금되었다. 그들 중 대부분이 보석판결을 받거나 석방되었지만, 19명은 계속 수감되어 거의 2년 동안 감옥에 있다가 1978년 새 정부에 의해 사면되었다. 반면, 그 사건의 살인자는 지금까지도 결코 기소되지 않았다.

---

* 태국 출라롱코른 대학(University of Chulalongkorn, Tailand).

그 날 이후 모든 관련자들은 그 사건에 대해 언급하는 것을 피하려고 하였다. 심지어 1978년에 수상을 역임한 크리앙삭 차마난(Kriangsak Chamanan)장군은 10·6사건의 피의자 19명을 석방하면서 "지나간 일은 모두 묻어두고 잊어버리자"고 말했다. 이 사태에 참여했던 사마크 순토른웨이(Samak Suntornwei)와 슈드사이 허스딘(Sudsai Husdin)은 10·6 학살사건에 연루되었다고 알려진 사람들을 고소하였다. 태국 지배계층은 모든 사람들이 이 학살에 대해 잊어버리고 진짜 살인자에 대해서는 언급하지 않기를 바라는 것 같다. 사실, 태국과 같이 정치가 발달되지 않은 나라에서는 범죄자들이 결코 잡히지 않는 사례가 많았다. 그러나 10·6사태는 범죄를 저지른 사람들이 공개적으로 드러났기 때문에 과거 사례들과는 다르다. 그들은 구속되기는커녕, "국가, 종교, 국왕"의 수호자로서 찬사를 받았다. 이 세 가지는 태국에서 가장 중요한 것으로 여겨졌기 때문에 법률 위반자는 보상을 받았고 학생들은 희생자가 되었다.

10월 6일 아침, 학생들은 살해됐다. 그리고 그 날 저녁, '국가 행정 개혁 위원회'라는 이름으로 일단의 군인들이 쿠데타를 일으켜 세니 프라모이(Seni Pramoj)의 민주정부를 전복하고 독재정부를 다시 불러들였을 때 그 사태의 실체가 드러났다. 쿠데타에 의해서 만들어진 정부는 타닌 크라이치안(Thanin Kraiwichian)이라는 한 민간인에 의해 주도되었다. 그는 태국 국왕과 친한 변호사였으며 반공주의자로도 유명했었다. 그는 향후 12년 동안 태국에 독재정권을 유지할 셈이었다. 태국민에게는 다행이었지만, 불행히도 그의 정부는 1년만에 무너졌다. 이후, 그는 국왕으로부터 왕실 추밀원에 임명되는 영예를 받았다. 이로써 태국의 왕실 군대와 경찰이 10·6사태에 관여했을 뿐만 아니라 왕실도 개입했다는 것이 분명해졌다.

10·6사태가 일어난 원인과 태국의 지배계급이 이러한 범죄에

가담한 이유는 무엇인가? 1976년 10월 6일, 학생들은 죽임을 당할 만큼 큰 잘못을 저질렀고, 민주주의를 파괴하고 군사독재를 다시 불러들일 필요성이 있었는가? 이 논문은 10·6사태의 조건과 이 범죄를 저지른 자들이 누구인가를 설명하고자 한다.

Ⅱ. 10·6사태가 일어나게 된 배경

타닌 정부의 문서에서는 10·6사태의 원인을 1973년 10월 14일 이후, 좌파 학생들이 태국 사회에 야기해 온 무질서라고 주장했다. 학생들은 노동자와 농민들의 파업을 자주 선동했었다. 그들은 반미 불법시위를 많이 벌려 태국의 진정한 친구인 외국과의 우호관계를 왜곡시켰다. 따라서 좌파학생들의 행위는 태국 국민을 혼란스럽게 하였고, 태국 경제를 망치고, 사회에 대립을 가져왔다는 것이다. 좌파 학생들은 그렇게도 큰 잘못을 저질렀단 말인가, 그리고 이것이 그 좌파학생들을 죽여도 될 만한 이유일까? 아니, 결코 그렇지 않다. 이에 대한 진정한 답은 태국 지배계층은 민주주의가 자신들의 지배하에 있지 않으면 이를 용납할 수 없었다는 것이다. 그들은 태국민들의 봉기를 두려워했으며, 대중에 대해 자신들이 누리는 지위와 특권을 상실할까봐 두려워했다. 그들은 너무나 보수적이어서 다른 이념, 즉 사회주의를 받아들일 수 없었다. 그들은 살해와 쿠데타가 그러한 문제들을 해결하는 최선의 길이라고 생각했다.

이야기는 1973년 10월 14일의 사건에서부터 시작해야 한다. 그 사건은 학생들이 대중을 이끌고 육군 원수인 타넘(Thanom Kittikachorn)과 프라파스(Praphas Jarusatian), 그리고 타넘의 아들로

서 프라파스의 딸과 결혼하였고 그들의 정치 후계자로 예정된
나롱(Narong Kittikachorn)이 지배하던 군부독재를 무너뜨린 사건
이었다. 10월 14일 이후의 기간을 진정한 의미의 국민을 위한 시
대가 개막된다는 소망을 담은 '자유의 시대'(Age of Liberty)라고
불렀다. 지배계층 밖에 있는 국민들이 태국 정부를 바꾼 것은 태
국 역사상 처음 있는 일이었다. 1958년 사리트(Sarit Thanarat) 사
령관의 쿠데타 이후 쇠퇴되고 중지되었던 민주주의가 다시 부활
되었다. 탐마사르트 대학의 총장이자 국왕의 개인고문인 산야
(Sanya Thammasak)가 과도정부의 수반으로 임명되었다. 새로운
헌법이 제정되었다. 1975년 2월에 선거가 실시되어, 사회행동당
쿠크리트 프라모이(Kukrit Pramoj)의 민간연립정부가 섰다. 이 정
부는 1년 동안 지속되었다. 1976년 4월 새 선거로 민주당 세니
(Seni Pramoj)의 새 연립정부가 들어서, 10·6사태까지 정권을 잡
았다.

이러한 상황에서 모든 계층의 대중들은 완전한 정치적 권리와
자유를 획득하였으며, 그들은 처음으로 정치에 눈을 크게 뜨게 되
었다. 반동세력과 보수주의자들은 물러나고 태국을 더 좋은 사회
로 바꾸려고 하는 진보세력에게 길을 내주지 않을 수 없었다. "독
립, 민주주의 그리고 사회정의"를 위한 투쟁이 중요한 모토가 되
었다. 정치의식이 교실에서 마을로 공장으로 확산되어 태국 역사
상 가장 큰 대중운동을 탄생시켰다.

10월 14일 이후 다시 두 달 동안에 노동자 파업이 300건 이상
증가했고, 다음해에는 357건으로, 1975년에는 241건, 1976년에는
133건의 파업이 일어났다. 3년 간의 파업에 노동자 200만 명 이
상이 참가했다. 결론적으로 태국의 모든 공장이 이 기간에 최소
한 한 번의 파업을 겪은 셈이었다. 중요한 것은 1975년 스탠다드
의류(Standard Garment)와 다슈트 탄니(Dusuit Thani), 1976년 하라

의류(Hara Garment) 공장과 럭키 텍스타일(Lucky Textile)의 파업과 같은 것이었다. 문제는 공장주, 기업가, 투자가 그리고 사업가들이 그 사건을 이해할 수 없었다는 점이다. 그들은 좌파학생들이 노동자들로 하여금 파업하도록 부추긴다고 생각하였다. 사실, 1973 – 74년, 학생운동이 그렇게 많은 파업을 선동할 만큼 충분히 활기를 띠지 못했다. 파업의 바람은 오랫동안 군부 독재 하에서 노동 세력들이 억압받았기 때문에 일어났다. 전제주의적인 법에 의해 노동세력은 파업, 정치적 집회, 노동조합의 결성을 금지당했다. 파업이 있었을 때마다, 참가한 노동자들은 해고당하고 즉각 공산주의자라는 혐의로 구속되었다.

태국정부가 외국인투자에 유리한 환경을 조성하려고 했기 때문에, 태국의 임금은 줄곧 낮게 유지되어 생활여건은 견디기 힘들었다. 결과적으로, 독재가 무너졌을 때, 노동자들의 투쟁이 다시 폭발했던 것이다. 그들이 요구한 것은 대부분 임금, 복지, 생활의 개선 등이며 또한 정치적인 의제였다. 1976년 5월 1일 노동절에 수많은 노동자들이 방콕 중심부에 있는 사남라웅(Sanamlaung)에서 대회를 열어, 정부에 저임금을 개선해줄 것을 요구하였고 정부는 이에 동의하였다. 다음해, 노동자를 보호하고 노사대립을 해결하기 위한 새 노동법이 공포되었다. 이러한 파업의 물결 속에서 많은 노동조합이 결성되었다. 그들은 학생운동의 연합체였다.

10월 14일 이후 농촌의 소작농민들 또한 임대료, 부채, 토지보유권 등으로 고통을 당하고 있었는데 이들이 모임을 갖고 정부에 자신들의 문제해결을 촉구하기 시작했다. 1974년 5월에 처음으로 각지에서 소작농민 수 천 명이 방콕으로 몰려와 사남라웅(Sanamlaung)에서 집회를 가졌다. 그들은 토지개혁, 세제개선, 토지임대료 인하, 영농자금지원개선 등을 요구하였다. 후에 농민지도자들은 '태국 소작농 및 농민연맹'(FPFT; the Federation of

Peasants and Farmers of Thailand)이라는 조직을 결성하기로 결정 했다.

노동자와 소작농민과는 별도로, 소상인, 빈민, 배급생활자, 심지 어는 젊은 승려 계층까지도 그들의 불평등에 반대하는 파업과 시 위를 하였다. 이와 같이, 10월 14일은 하류계층의 대중들이 최초로 정치에 참여하는 결과를 낳았다. 정의를 위한 투쟁이 태국 사회에 서 매우 흔하게 된 것이다.

모든 대중활동 중에서 가장 중요한 것은 태국학생센터(NSCT; National Student Centre of Thailand)가 주도하는 학생운동이었다. 이 학생운동은 1973년 10월 14일 이전부터 강력한 것이었으며 태국 에 민주주의를 가져온 10월 14일 투쟁에서 대중을 주도하였다. 그 후 이 운동의 지도자들의 생각으로는 독립의 문제가 가장 중요하 였다. 그래서, 그 투쟁은 태국 내에 존재하는 미국의 영향에 반대 하였다. 1974년 태국에는 미군기지가 12개 있었으며, 이전 태국정 부가 미군이 주둔하도록 허용하고 치외법권을 부여하였다. 태국 대학생들은 미군 기지를 미국이 태국을 침략하고 점령하는 수단 으로 여겼다. 그들은 미군기지철수를 요구하는 가두시위를 수 차 례 하였다. 그들은 1976년 3월에 그 뜻을 이루었는데, 그때 미국정 부는 태국에서 모든 기지를 철수하기로 합의했던 것이다. 나아가 이 학생운동은 미국이 다방면에서 태국을 돕는 위대한 친구라는 과거 정부의 주장까지도 배척할 수 있었다. 사실, 미국은 오로지 자신들의 세계전략과, 태국 자원의 통제를 위해 태국을 침공한 유 일한 제국주의 국가였으며, 미국은 오랫동안 태국 독재자들의 큰 후원자였다.

사회정의를 위한 운동이 확산되는 동안, 사회주의 이념의 선전 도 확대되었다. 독재시절에는 사회주의 이데올로기가 금지되었다. 사회적 불의를 드러낸 책은 어느 것이나 판금 되었으며, 진보적인 사상을 표현했던 사람은 누구나 투옥될 가능성이 있었다. 권위적인 정부는 모든 국민들이 오로지 보수적이고 전통적인 방식으로만 생각하기를 원했기 때문에 이를 통제할 반공법(Anti - Communist Act)을 가지고 있었다. 태국 공산당이 있었으나, 정부가 이를 불법화했다. 그래서 공산당은 지하로 숨어, 정글에서 싸우기 위해 숨어 들어가 버렸기 때문에 학생운동에는 거의 영향을 미치지 못했다. 그러므로 10·14운동은 공산주의적인 경향이 전혀 없었으며, 민주주의를 위한 진정한 투쟁처럼 보였다. 그러나 10월 14일 이후 태국 전역을 강타한 민주주의 바람이 사회주의 이데올로기와 함께 가져왔다. 새로운 지혜가 사회 속에 급속히 회복됨에 따라, 사회주의 지식은 많은 지식인들과 공상가들을 열광시킨 새로운 지적 코스가 되었다. 1974년 1월에, 탐마사르트 대학생들은 중화인민공화국에 대한 전시회를 열었는데, 오랫동안 허용되지 않았던 중국에 대한 이야기가 많은 사람들의 관심을 모았다. 전시회에 진열된 『모택동 철학』과 같은 책은 베스트 셀러가 되었다. 이 후 사회주의를 다룬 책들과 다른 금서들이 출판되어 널리 읽혔다.『공산당 선언』,『대중을 위한 철학』,『레닌주의자의 기초』등과 같은 것들이다. 1974년에 유명했던 책은 치트라(Chitra Phumisak)가 쓴『태국 봉건주의의 얼굴』이었다. 그는 공산당에 가입했다가 정글에서 죽은 1960년대의 대표적인 지식인이었다. 이 책은 절판되어 일곱 차례나 재판되었다. 다른 것으로는『모택동 선집』(4권)과『젊은이를 위한 실천』, 라마(Rama) 8세의 살해사건을 파헤쳐 판금되었던『악마의 원반』등이 있다. 이러한 책들 외에도 '민주주의', '국가', '주권', '아시아 분석'과 같은 좌파신문들이 있었다.

자본주의사회를 분석하고 모든 사람들에게 보다 나은 새로운 사회를 제시하는 사회주의 이론의 효율성 때문에, 많은 학생들과 지식인들이 그 원리에 공감하여 10·14 이후 얼마되지 않아 사회주의로 전향하였다. 결과적으로 사회주의 방식이 태국 사회의 해결책으로 생각되어, 사회주의 이데올로기가 학생운동과 노동운동에 침투되었다. 이 이데올로기는 학생들에게 인민에 봉사하고 노동자와 소작농과 세력을 연합하도록 요구했다. 이러한 계층이야말로 태국을 보다 더 나은 사회로 변화시킬 수 있는 진정한 혁명세력이었기 때문이다. 시간이 지남에 따라 그러한 과정으로 인해 학생운동은 더욱 더 좌파로 바뀌었다.

또한 사회주의 이념을 가진 3개 정당의 결성이 있었다. 즉, 솜키드(Somkid Srisangkom) 대령이 주도하는 태국사회주의당, 중진의원 클라우(Klaw Norapati)가 이끄는 사회주의전선당, 그리고 의사인 크라사에(Krasae Chanawong)이 주도하는 새로운 힘(New Force)당이다. 이들 세 당이 1975년 2월 선거에서 37석을 얻었다. 사회주의 세력이 국민들로부터 이처럼 상당한 규모로 지지를 얻은 것은 이것이 처음이었다.

나아가, 사회주의 이념은 문화적인 면에서 많은 변화를 야기하였다. 문학, 음악, 연극, 기타 등등의 예술을 삶을 위한 문화로 보기 시작하면서, 사회주의 이념은 모든 예술은 지배엘리트만을 위해서 봉사하는 것이 아니고 위대한 대중을 만족시키는 문화가 되어야 한다고 제시하였다. 삶을 위한 문화라는 이데올로기는 오래된 전통과 유형문화(pattern culture)를 비판하는 인습타파 이론이되었다.

Ⅲ. 격렬하게 반격하는 반동세력

10·14사건이 변화에 대한 전망을 불러일으키기는 했지만, 구체제의 옹호자와 그 구성원들이 매우 많은 곳에 그대로 남아있었다. 그들은 태국 사회에서 보수세력으로 결집되었다. 그들은 여전히 많은 돈과 관료적인 강점, 정치 권력을 가지고 있었다. 변화가 계속되고 있어 이러한 보수세력이 더 이상 견딜 수 없었다는 점은 분명하다. 그들은 학생, 노동자, 그리고 농부들의 운동을 태국 사회의 무질서, 즉 태국을 분열시키는 것으로 보았다. 그들은 그러한 물결을 멈추고 태국 사회를 옛 질서로 되돌리기 위해 무언가를 해야 했다. 처음에는 보수세력과 반동세력들이 10·14에서 패퇴했기 때문에 그다지 기회를 갖지 못했다. 1974년 중반부터 그들은 회복하고 반격하기 시작했다.

첫째, 그들은 그럴 듯한 상황을 만들어내서 사람들을 살해했는데 이것을 플라브플라차이(Plabplachai)사건으로 부른다. 이것은 1974년 7월 3일 시작되었다. 당시 학생들이 7월 4일에 있을 반미 시위를 준비하고 있는 동안에 플라브플라차이(Plabplachai)경찰서에서는 소규모 회의가 열리고 있었다. 그리고 경찰은 폭도들에게 발포를 결정하여 몇 명을 죽였다. 그리고 태국 정부가 이것을 기화로 해서 일주일 간 계엄령을 내려 학생들은 반미 시위를 할 수 없었다.

둘째, 보수 반동세력들은 직업학생들과 대학생들을 분리시켰다. 그리고 그들은 직업 학생들로 '크라팅당(Kratingdang)'이라고 하는 경찰 깡패단을 조직하여, 학생 운동이 비폭력적으로 행해졌는데도 폭력적인 방식으로 운동을 방해하도록 했다. 1975년에 이 폭력단은 많은 정치폭력을 행사했으며 그 구성원들은 공공연하게 전쟁무기를 가지고 다녔다. 그러나 경찰은 아무런 조치도 취하지 않았으며 그들에게는 법이 거의 적용되지 않았다. 게다가 1975년에는 많은 우익조직들이 정부당국의 지원을 받으며 학생운동을 분쇄하는데 적극적으로 나섰다.

셋째, 학생운동을 반대하는 선전이 강화되었다. 시위 학생들의 명성을 더럽히기 위해 많은 비난들이 일어났다. '시위 학생들이 국가 질서를 어지럽힌다', '운동권 학생들은 공산당이다', '학생운동의 지도자는 베트남인이다', '학생운동의 지도자들은 외화를 가지고 있으며 그들 중 일부는 매우 부자다', '학생운동 지도자들은 NSCT로부터 뇌물을 받는다' 등, 이러한 비난들이 근거 없고 비논리적임에도 불구하고, 국민들은 학생 운동의 역할에 대해 혼란을 느꼈다. 이 비난들이 확산됨과 동시에, 학생들이 태국민에게 귀중한 "국가, 종교, 위대한 왕(Chat, Sasana, Pramahakasat)"을 파괴하려고 했다면서, 이에 대한 선전이 계속되었다. 이 주장들은 모든 공식 채널과 주요신문을 통해 국민들에게 널리 전달되었다. 가장 중요한 위타유 양크로아(Witayu Yankroa) 라디오방송국, 가장 우익적인 신문인 다오시암(Dao-Siam)지와 같은 것을 통해서 말이다. 동시에 학생운동 측의 모든 정보가 차단되었다. 이 과정이 계속 이어지면서, 국민들은 학생운동을 잘못 이해하고 싫어하게 되었다.

넷째, 학생운동과 대중운동을 막는 폭력 행사는 1974년 학생운동의 지도자들, 즉 니시트 자라스폰(Nisit Jirasophon), 상 룽니란돈쿨(Sang Rungnirandornkul), 프리다 친다농트(Prida Chindanont) 그리고 아마레스 차오사드(Amares Chausa-ad) 등을 살해함으로써 시작되었다. 같은 해, 또한 농촌지역의 농민지도자들에 대한 정치적 살인도 자행되어 그들 중 30명이 살해되었다. 그리고 1975년 2월 28일에는 분사농 분야타얀(Boonsanong Bunyotayan) 태국 사회주의당

서기가 방콕에 있는 자신의 집 앞에서 암살 당했다. 이 모든 사건의 범인들은 거의 잡히지 않았다. 이것은 운동권 학생들을 대상으로 폭력을 행사하는 한, 국가가 그것을 허용한다는 것을 의미했다. 더욱이 학생시위에서 경찰 폭력은 흔히 볼 수 있었다. 학생집회가 있을 때마다, 인간쓰레기 같은 경찰 갱단은 그 운동을 방해하기 위해 총과 수류탄을 들었다. 1976년 3월 21일 학생들이 탐마사르트 대학에서 미국대사관까지 시위를 하는 동안, 수류탄 하나가 투척되어 4명이 죽었다. 이에 따라 평화적이었던 학생들의 태도가 바뀌었고, 집회에 참가한 사람들을 보호하기 위해 경비부대가 배치되었다.

IV. 10·6사태

운동권 학생들에 대한 이미지를 실추시키기 위하여 여러 가지 방법을 쓴 후, 이제 지배엘리트와 반동집단은 쿠데타를 일으켜 학생운동을 영원히 잠재울 호기만을 노리고 있었다. 1976년 8월 14일 시국을 혼란스럽게 하기 위해 프라파스(Praphas Jarusatian) 원수를 태국으로 돌아오게 했다. 아마도 미리 그를 데려올 계획이 세워져 있었을 것이다. 예상대로 학생들은 탐마사르트 대학에서 프라파스를 반대하는 집회를 갖고 그를 법정에 세우라고 요구하였다. 세니 정부는 사태를 진정시킬 수 없었다. 그러나 8월 20일 밤, 프라파스를 반대하는 집회가 계속되는 동안, 탐마사르트 대학에 있던 학생들은 경찰과 우익단체들에 의해 한 동안 포위되었다. 상황이 악화되어 마치 쿠데타라도 일어난 것 같았다. 그러나 아침에 긴장 상태가 완화되고, 프라파스는 대만의 망명지로 돌아가겠다고 결정하였다. 그는 떠나기 전, 왕궁에서 국왕을 만날 기회를 가졌다. 다음달 이번에는 9월 19일에 방콕에 도착한 타놈 원수였다. 그는 자신이 도피처로 택한 싱가폴에서 행자스님이 되었다. 방콕에 돌아오자마자 그는 와트 바보르니베스(Wat Bavornives)사의 승려로 임명되었다. 프라 얀상워른(Phra Yansangworn)이라는 절의 주지가 그의 스승이 되었다. 타넘은 자신은 다만 태국에 머무르면서 90세 고령인 아버지 쿤(Khun Sophibannalak)을 모시고 싶다고 단언했다. 그 소식이 전해지자, NSCT와 다른 단체들은 즉각 항의를 했다. 학생들은 가가호호 방문하여 비공식적인 투표를 했다. 타넘에 대해 법적 조치를 취하라는 공식적인 요구가 정부에 제출되었다. 반면, 아모아 카발리 라디오방송은 타넘의 귀국을 옹호했다. 9월 21일 내각은 그 문제를 심의하기 위해 회의를 소집했다. 민주당은 타넘의 국외추방을 지지했으나 연정을 구성하고 있던 찻 타이(Chat Thai)당으로부터 심한 반대에 직면했다. 다음 날 국회는 타놈의 즉각 추방을 요구하는 결의안을 채택했다. 이 문제를 현명하게 풀 수 없었던 세니 프라모이 수상은 9월 23일 사임하면서 그러한 상황과 연립정부의 붕괴를 통제할 수 없는 자신의 무능을 탓했다. 그러나 그는 다시 임시 수상으로 임명되었다.

9월 24일 밤, 방콕 근교의 나콘 파톰에서 살인 사건이 있었다. 지역 전력공사 직원인 위차이 케스트리퐁사(Wichai Ketsriphongsa)와 춤폰 툼마이(Chumphorn Thummai)는 타넘에 반대하는 포스터를 붙이다 경찰에 체포되었다. 나중에 그들은 목이 매달린 채로 발견되었다. 9월 29일 학생, 시민 등 2만 명이 모여 두 가지 조건을 요구했다. 즉, 타넘에 대해 법적 조치를 하라는 것과 나콘 파톰에서 활동하던 두 사람을 살해한 범인을 색출하라는 것이었다. 11월2일 정오까지 정부가 결정하도록 시한을 정해두었다. 항의시위가 지역으로 확산되었다. 한편, 학생들에 대한 우익의 비난 또한 높아졌다.

　10월 4일 최종 시한이 지난 후 NSCT는 그 날 저녁 사남라웅에서 비폭력 집회를 갖기로 했다. 그러나 그날 정오에, 탐마사르트 대학교의 운동권 학생들은 대학 내에 있는 라안포에 모여 다른 학생들에게 항의시위참가를 권유하고 대학당국에는 시험을 연기해 줄 것을 요구했다. 그들은 나콘 파톰의 운동가 두 사람을 목매단 것에 대한 풍자극을 공연했다. 그리고 저녁에는 20만 명의 학생, 시민이 모여 두 가지 요구 사항을 재확인했다. 비 때문에 시위대는 대학으로 이동했고 집회는 계속되었다. 10월 5일 학생과 시민들이 대학에서 계속 시위를 하는 동안, 조간 영자신문 방콕 포스트지는 라안포의 연극 사진을 게재했다. 아피안 보아하팍디(Apinan Boahapakdi)라는 한 등장 인물은 신문에서 태국의 왕세자와 비슷해 보였다. 일단 그 소식이 퍼지자, 일간지 도아지암이 그 사건을 쟁점화하고 왕세자를 모독함으로써 대역죄를 범했다고 학생운동을 비난했다. 이 신문은 학생들이 군주제를 철폐할 목적을 갖고 있으며, 그것은 태국을 파괴하려고 하는 공산주의자들의 계획에 들어 있다는 것을 지적했다. 아모르 카발리 라디오방송과 다른 라디오방송국들은 그 사건을 논의하고서, 계속 그 뉴스를 보도했다. 사람들과 모든 우익단체들은 자극하여 란프라바롬룹송마(승마장)에 모여들었다. 10월 5일 밤, 수천 명의 우익 사람들이 모였다. 자정이 지나 그들은 사남라웅으로 이동하여, 학생들이 반 타넘 집회를 하고 있던 탐마사르트 대학 바로 밖에서 머물렀다.

　그리고 10월 6일 이른 아침에, 첨폴 로하찰라(Chumphol lohachala) 경찰총장이 지휘하는 경찰이 학교 밖에서 집중 사격을 하기 시작했다. 몇몇 학생이 죽고 총상을 입었으며, 그러는 동안 다른 학생들은 건물 안으로 피신하였다. 시위자들은 경찰에게 사격을 중지하라고 애걸하였으나 경찰은 그들의 요구를 묵살하였다. 한참 공격을 한 후 국경순찰대 분대에서 나온 경찰들이 우익단체들에게 탐마사르트 대학에 들어가 학생들과 시위자들을 공격하도록 했다. 공식보고서에 의하면 사십 명 이상의 사망자, 수 백 명의 부상자 등 사상자가 명단에 올랐다. 나중에 약 3천 명 정도의 시위자들이 체포되었다.

V. 우익단체들

이상에서 살펴본 것처럼 학생탄압을 위한 상황이 이미 오래 전에 전개되어 있었던 것이다. 이제 이러한 범죄를 누가 저질렀는가를 알아내야 한다. 이것은 학생운동에 반대하는 단체들, 나와폴(Nawapol)을 검토하는 것부터 시작해야 한다. 이름 그대로 나와폴은 아홉 번째 통치권을 의미하는 것으로, 차크리 왕조의 제9대 왕인 푸미올(Phumiol)왕으로부터 나왔다. 이 조직은 공무원과 사업가들이 선호하는 우익 단체였다. 1974년에 창설되어 국가, 종교, 위대한 왕을 유지하는데 헌신하였으며 공산주의에 반대하고 좌파학생들을 제거했다. 나와폴이 군부, 경찰, 시민들로부터 정말 많은 지지를 받았었는지도 모른다. 이 단체가 많은 회원을 확보한 것을 보면 상당히 성공적이었다. 이 조직의 지도자들은 애국심, 국왕에 대한 충성, 반공에 호소하여 지지자들을 끌어 모았다. 1977년 말에, 나와폴은 실제 활동하는 회원이 백만 명이라고 주장했다. 이러한 과장에도 불구하고 분명히 나와폴은 거대한 우익단체가 되었다.

중심 지도자들은 전 보병사단 지휘관이면서 왕실 추밀원 멤버인 삼란 파타야쿨 장군같은 사람이었다. 그는 최초의 나와폴 회원의 영광을 누려 001번이 부여되었으며, 나와폴에 대한 왕궁의 연락책 역할을 했다. 그리고 와타나 키아오위몰(Wattana Kiaowimol)이라는 미국에서 공부한 지식인, 본명이 위몰 지암자렌(Wimol Jiamjarern)인 토미얀티(Thomyanti) 여성 낭만소설 작가, 라트리 타와라천(Ratri Thawarachorn) 탐마사르트 대학 태국문학 강사, 키티우토 피쿠(Kittiwuttho Phikku)라는 승려는 공산주의자를 죽이는 것은 아무런 죄가 되지 않는다고 주장했다. 대신 그의 주장은 승려들을 위해 물고기를 잡아 요리 하는 것에 견줄 만한 효과를 가져왔다. 이것은 소위 공산주의자를 죽이고 싶어했던 사람들에게 도덕적인 정당성을 부여했다.

10·6사태 당시, 나와폴은 학생 운동을 반대하는 데 사람들을 동원하는 중요한 단체였다. 키티우토 피쿠(Kittiwuttho Phikku)는 10월 5일에 혼자서 운동권 학생들을 반대하는 모임을 결성했다.

크라팅당은 형식상 직업학생들 중 인간쓰레기들로 구성되었다. 그들은 태국왕실군대와 내국보안작전사령부(ISOC)에 있는 장성들에 의해 조직되고 지원 받았다. 그 핵심 인물은 슈드사이 허스딘 소장이었다. 이 단체는 법 위에 존재하는 정치 갱단이었다. 그 구성원이 공공연히 전쟁 무기를 가지고 다녔으나 아무도 체포되지 않았기 때문이다. 더욱이 그들은 통신을 위해 경찰 무전기를 휴대할 수 있었다. 그들은 자주 학생집회에 플라스틱 수류탄을 던졌으나 경찰은 아무런 조치도 하지 않았다. 1978년 3월21일 학생들이 주태미군기지반대 시위를 하는 동안, 이 단체의 회원들은 무거운 무기를 들고, 길을 따라 움직였다. 그리고 폭탄에 학생 4명이 사망했다. 이 단체는 1974년에 설립되어 2년이나 불법적으로 운영되었으며, 회원 중 일부가 체포되어 구속되었지만 나중에 풀려 나왔다. 10월 6일 그들은 잔인한 살인에 동참했다.

룩서차오반(Lukseachaobaan, 마을 수색대)는 남 베트남의 한 우익 단체의 조직 형태를 빌어 국왕의 후원으로 1971년에 설립되었다. 이 프로그램을 제안했던 사람은 소모쿠안 하리쿨(Somkuan Harikul)

경찰총경이었으며 이 단체는 시골지역에서 활동하였다. 이 단체의 주된 목적은 공산주의자들에 대한 모든 정보를 수집하여 상부에 보고하는 것이다. 얼마 되지 않아 이 단체는 전국적으로, 가장 보수적인 태국 중부 지역을 중심으로 전국적으로 수 백 명의 회원을 확보하였다. 회원들은 "국가, 종교, 국왕"에 대한 충성심을 갖고 공산주의자의 제거를 바라는 교육을 받았다. 1976년에 중요한 지도자 중의 한 사람인 자로엔리트 즘라스몸란(Jaroenrit Jumrasromran)은 이 조직을 도시에까지 확대시켜 학생운동에 맞섰다. 10·6사태 때 시골 수색대는 살해에 가담한 적극적인 단체였다.

촘롬 위타야유시리(Chomrom Witayusiri, 자유라디오협회)는 주로 왕국 군대 사단에 소속된 라디오 방송국들의 단체였다. 그들은 아르머드 케벌리(Armoured Cavalry)라는 라디오 방송국 주도하에 1976년 초 모임을 결성했다. 항상 학생운동에 반대하는 방송을 했던 중요한 인물들에는 유탄 스니트옹(Utan Snitwong), 아콤 마카라논트(Akom Makaranont), 유티쉬 낙사와스(Utish Naksawas) 등이 있다. 자유라디오협회는 학생들에 반대하는 선전을 하고 10월 5일 집회에 사람들을 동원하는데 있어서 매우 중요했다.

이밖에도, 학생운동의 이미지를 훼손하는데 참여하고 학생들을 반대하는데 사람들을 동원하고, 10·6사태에 참가한 사람들과 단체가 있다. 그들은 프라만 아디렉산(Praman Adireksan), 차트차이 춘화완(Chatchai Chunhawan)과 같은 라지차크루(Rajchakru)그룹의 정치가들, 그리고 사마크 순타라베치(Samak Suntaravech), 타마눈 티엔겐(Thamanoon Thienngern), 타닌 크라이위치안(Thanin Kraiwichian), 듀시트 시리완(Dusit Siriwan), 프라윤 윤야웡(Prayoon Junyawong) 등이다. 이러한 우익단체들은 10·6사태에 참가했지만, 그들이 그 진압을 명령하고 촉발시킨 것은 아니다. 또한 매우 중요한 군사 평의회를 고려하는 것이 중요하다.

VI. 개혁위원회

10·6사태에 관여한 모든 장성들은 카나마티럽 카안포크롱판딘(Kanapatirup Kaanpokkrongpandin)이라는 개혁위원회인 군사 평의회에 편입되었다. 그들은 해군장군 산가드 차라위(Sangad Chalawyu) 평의회 의장을 포함해서 분차이 붐룽퐁(Bunchai Bumrungpong) 육군장군, 카몰 테카퉁카(Kamol Techatungka) 공군장군, 섬 나나콘(Serm Nanakorn) 장군, 크리앙삭 차마난드(Kriangsak Chamanand) 장군, 요스 템푸스딘(Yos Thephusdin) 중장 등이다. 10월 14일 이후 군 지도자는 사령관이던 크리트 시와라(Kri Siwara)장군이었다. 그는 60세로 1975년 10월에 은퇴했지만, 1976년에 죽을 때까지 이유는 드러나지 않았지만 여전히 강한 힘을 발휘했다. 그가 은퇴한 후 사령관 자리를 차지한 사람은 상아드 차로위 장군이었고, 분차이 붐룽퐁 장군이 태국군 최고 명령권자였다.

그러나 군대 내에 분파가 있었다. 상아드 장군은 다른 집단이 하기 전에 10월 6일 쿠데타를 일으켰다고 말했다. 다른 중심 집단은 프라만 아디렉산(Praman Adireksan) 소장이 그 분파를 주도했기 때문에 '라이차쿠르'(Rajchakru)라고 불렸다. 그는 사람들을 동원하여 학생운동에 반대하기 위해 '우익은 좌익을 박멸한다'는 모토를 천명했다. 그는 차트차이 춘화완(Chatchai Chunhawan) 소장의 지원을 받았다. 이 그룹의 또 다른 중요한 인물은 차라드 하란시리 장군이었다. 그는 1976년 당시 직책이 왕실 군대의 부사령관으로 아직 군대에서 활동하고 있었기 때문에 권한을 가지고 있었다. 피툰 잉카타누와틈은 군대의 병력과 당시 예비역이었던 프라만 장군을 잇는 다른 중요한 인물이었다. 아마도 10월 6일에 쿠데타를 계획한 것은 이 그룹이었으나, 그것을 미리 실행해버린 사람은 상아드 장군이었다. 그래서 차라드장군은 10월 6일 이후 곧 공직에서 제 거되었다.

이 모든 장성들은 수중에 병력을 보유하고 있었다. 그러나 특이 하게도 학생 학살에 적극적인 역할을 했던 것은 군인이 아니라 경 찰이었다. 결과적으로, 이들 장성들은 학생들의 진압명령을 내리 지 않았을지도 모른다. 명령을 내렸다면 그들은 경찰 대신에 군인 을 동원할 수 있었으며 진압전이나 진압과 동시에 쿠데타를 일으 켰을 것이기 때문이다. 실제로는 학생들의 진압이 10월 6일 정오 전에 종료되고 세니 정부를 전복한 쿠데타는 그 날 저녁 7시 일어 났다. 세니 정부는 10월 6일에 아무런 실질적인 권한을 전혀 갖고 있지 않았기 때문에 그 진압을 할 수 없었다.

Ⅶ. 10·6 학살의 주범들

이제 우리가 답해야 할 큰 문제는 누가 10·6의 진짜 살인자인가 이다. 학생운동을 없애버릴 계획이 기안됨에 따라 작전은 10월 6 일 이전에 준비되었다. 군사쿠데타를 정당화하도록 상황이 고안되 고, 학생운동에 대한 정보 차단이 실시되고, 우익단체들이 조직되 었고, 진압 2년 전에는 또 학생과 농민의 지도자들의 살해가 진행 되었다. 정부는 학생들에 반대하는 어떤 조치도 강화하지 않았지 만 국가가 했던 것이다. 10·6사태는 국가의 범죄였다. 국가의 기관 이 정부의 통제에서 벗어나 일을 수행했기 때문이다.

그러나 그 상황을 통제하고 우익단체들을 불러모으고, 반학생운 동을 은밀히 수행한 집단이 있었다. 이 집단은 매우 보수적이며 전통적이었다. 우리는 이 집단을 '왕궁'이라고 부를 수 있다. 사실, 국왕을 보호하기 위한 대역죄법으로 국왕의 정치적 역할에 대해 말하는 것이 태국에서는 금지되었다. 그래서 일반 국민들은 왕실이 보수적인 정치세력이라고는 생각조차 할 수 없다. 그러나 윌리엄 브래들리(William Bradley)는 태국정치에 대한 국왕의 관여에 대해 많은 것을 썼다.

왕실의 정당성과 군사권력이 서로 융합이 된 것은 1957년 사리트 타나라트(Sarit Thanarat)의 쿠테타 이후였다. 특히, 10·6사태에 왕실이 관여했던 것은 타놈이 와트 바보리베스 사의 승려가 되고 그의 스승으로 프라 얀상워른이 됨에 따라 명백해졌다. 이 승려는 국왕이 출가를 했던 1956년에 왕의 스승이기도 했다. 나중에 타놈이 돌아온 이튿날인 9월 21일에 국왕과 왕비는 절로 그를 찾아갔다. 타넘이 동료 승려에게 밝힌 바에 의하면 국왕이 그에게 태국으로 돌아오도록 권유했다고 한다. 그래서 유명한 우익정치가인 사마크 순타라베치(Samak Suntaravech)는 국왕은 타넘이 돌아와 계속 머물러주기를 바란다고 밝혔다. 그는 타넘을 싱가폴에서 방콕으로 데려오도록 국왕이 직접 자신에게 요청하여 자신은 그렇게 했다고 주장했다.

10월 1일, 왕세자도 공부를 하고 있던 호주에서 귀국하여 그 절로 전화를 하고 타넘을 찾아갔다. 이러한 소식은 타놈의 귀국 뒤에는 왕실이 있다는 사실을 더욱 강조하는 것이며 학생들 쪽의 상황을 더욱 악화시켰다. 왜 국왕은 학생들이 바라는 것과는 반대가 되는 이러한 연대를 선택했던 것일까? 국왕이 1946년에 왕위에 올랐을 때를 이해해야 할 것이다. 국왕은 정치적 권한이 전혀 없는 비정치적인 이름뿐인 왕에 불과했다. 1957년 이후에야 사리트가 국왕에게 정치적 역할을 부여하였으며 그때 이후 국왕은 조용하게 태국정치의 최고 수준에 개입해왔던 것이다. 소요사태를 끝내기 위한 10·14사건에서 국왕의 공개적인 개입은 민주주의 운동에 대한 지지가 아니라 안녕과 평화를 회복하기 위한 필요한 조치로 이해되어야만 한다. 그리고 산야 타마사크(Sanya Thamasak)를 임명한 것은 태국 정치에 대한 국왕의 공개적인 개입을 의미했다. 국왕이 스스로 태국의 수상을 선택할 수 있었던 것도 이것이 처음이다. 따라서 군주제와 태국왕실전통을 보존하려는 국왕의 염려로 인해 왕실은 안정희구 세력, 즉 민주주의보다는 군부와 관료와 자연스럽게 연대하도록 했던 것이다. 국왕은 결코 자신을 국민의 대표 절차와 동일시하지 않았다. 농촌지역을 방문했을 때 국왕은 그 지역 국회의원들이 자신을 수행하도록 부르지도 않았다. 자주 군복을 입고 공개석상에 모습을 드러냈다.

국왕이 태국 보수주의의 한 축이 된 것은 당연하다. 그리고 1975년 인도차이나반도에서 공산주의가 승리한 후 다음 공산주의의 목표가 태국이 될 것이라는 우려가 팽배했다. 국왕은 개방된 정치제도가 군주제의 토대와 국가의 안정을 위협한다고 확신했던 것 같다. 학생운동, 노동운동, 농민운동 지도자들은 공산주의 선동가나 부지불식간에 그에 동조하는 자들로 보였다. 그래서 라오스에서 공산혁명 후 군주제가 사라져 버린 것처럼 왕조의 소멸은 예측가능한 일이었다. 군주제뿐만 아니라 불교도 결코 예전에 없었던 도전을 받고 있어서 국왕은 그것을 중단시켜야만 했다. 그래서 그는 1975년 12월 5일 40세 생일 축하자리에서 국내외의 적에 대항하여 국가를 방어할 준비를 갖추라고 신하들에게 촉구했다. 국왕이 의미하는 적들이란 분명 공산주의자들이다.

산가드(Sangad) 장군은 1976년 2월에 치앙마이 북궁에서 국왕을 알현할 기회가 있었다고 말했다. 그는 좌익이 매우 적극적이며 나라가 매우 무질서하다고 국왕에게 이야기했다. 시국이 악화되도록 방치한다면, 태국은 인도네시아처럼 공산화가 될 지도 몰랐다. 그래서 그는 국왕에게 쿠데타를 용인해달라고 요청했다. 국왕은 장군이 국가에 필요한 것이 무엇인가를 스스로 생각해야 한다고 대답했다. 그러나 장군은 하고자 하는 일이면 무엇이든 타닌 크라이위치안(Thanin Kraiwichian) 변호사와 논의를 해야 했다. 왜 타닌이 그의 선택이 되었는가? 그 대답은 명확하다. 타닌은 유명한 반공주의자들 가운데에서 우두머리였던 것이다.

결과적으로 10월 6일의 진압은 왕실의 영향 하에 연결된 다양한 보수집단으로부터 나왔음을 알 수 있다. 그것은 우익의 물결이 1976년 10월 6일에 대학생운동이 저항할 수 없을만큼 강력했다는 것을 의미하기도 한다.

인도의 아시아적 정체성:
전략적 경쟁과 반민중적 정치학

리타 만찬다
(Rita Manchanda)*

Ⅰ. 인도의 동방정책: 민중적 관점

방콕, 자카르타, 쿠알라룸푸르, 프놈펜 혹은 서울의 후기 식민지 지배엘리트들의 관점에서 보면, 아시아는 인도를 배제하고 생각되어진다. 아시아에 중국과 일본은 포함되지만 인도는 포함되지 않는 것이다. 아시아에 대해서 이야기할 때 남아시아가 존재하지 않는 것처럼 말하는 것은 불합리해 보임에도 불구하고, 이는 특히 유럽과 미국의 정책입안자들이 아시아-태평양 주축의 지정학적, 지리경제학적 관점에서 공유하고 있는 태도이다. 이것은 대개 인도가 '아시아-태평양'이라는 축에서 이념적으로 벗어나 있는 것으로 인식되어져 왔기 때문이다. 더군다나 하부 지역적으로 응집해 있는 남아시아 국가체제 내에서 후기식민지 민족 국가건설을 우선적인 과업으로 여겼던 인도의 지배 엘리트들은 내부지향적

---

* 네팔 사우스 아시아 인권포럼(South Asia Forum for Human Rights, Nepal).

정책을 고집하였다.

실제로 아프리카와 아시아의 공통된 반제국주의 투쟁의 탈식민주의적 네루식 비전은 위축되었고 무기력했는데, 이 비전 속에는 국가독립을 통해 달성된 정치권력이 외세의 경제적 지배로부터 모든 식민지 민중들을 해방시키고 그들의 생활수준을 끌어올리는 데 사용되어져야 한다는 내용이 포함되어 있었다. 이 비전에는 1947년 아시아 관계회의, 네덜란드의 인도네시아 침공에 항의하는 1949년 19개국회의와 1955년 아시아 아프리카 반둥회의에서 고무되었던 반제국주의와 국제화주의에 기반한 정치적, 사회적 혁명들이 서로 뒤엉켜 있었다.

반둥회의 이후 왜 네루가 '아시아'에 등을 돌렸을까에 대해서는 진지한 분석의 주제로 다루어지기보다는 그의 하수 중국 총리, 주은래가 (세계적) 관심을 독차지한 것에 네루가 감정이 상했기 때문이라는 설명으로 추측되어 왔다. 보다 더 심각한 점은 앞으로 논의가 되겠지만, 중국이라는 요인은 동방의 이웃 국가들에 대한 인도의 태도에 중요시 되어왔다. 인도 외교정책에서 아세안(ASEAN)지역을 연구해왔던 몇몇 학자들 중 한 명인, 크리파 스리다란(Kripa Sridharan)은 인도 정책의 뼈대는 기본적으로 3개의 축 관계 즉, 중국-인도, 인도-소련 그리고 인도-미국 축 관계의 기능이라고 강조한다.

이제 현정부를 이끌고 있는 우익 힌두 민족주의 인도국민당(Bharatiya Janata Party, BJP)는 인도의 아시아적 정체성을 다시 주장하고 있다. 반둥회의 이후로 (인도에서의) 어떤 정부도 '동방' 아니 보다 정확하게는 '동방 재'정책을 매우 적극적으로 추구한 적은 없다. 명백히 뉴델리에서는 세계화하는 경제 속에서 아시아-태평양에 통합되는 것이 (자유화, 민영화, 세계화를 수용한) 인도에게 확실히 유리하다는 인식이 있다. 또 이렇게 '동쪽을 바라보는' 인도는 곧 부활하는 인도라는 인식이 있다. 지난 1월 한 주 동안의 베트남과 인도네시아 순방 길에서 바지파이(Vajpayee) 총리는, 서민들의 삶을 향상시키는데 성공하고 있는 인도 경제개혁에 힘입어서 인도가 아시아에서 보다 당당한 역할을 할 것이라고 강조했다. 이것은 권력 패러다임 지향 외교정책을 주장하고 있는 인도의 전략적 커뮤니티 내의 '현실주의자들'의 입장과 유사하다. 이들은 인도가 무기력한 국내외 정책에서 탈피하기를 열망하는 힌두 민족주의자들과 뜻을 같이하고 있다. 그들은 국제적 차원에 있어 인도가 (향후) 확대될 UN 안정보장 이사회에서 아시아를 대표할 (상임이사국) 자리를 요구한 바와 같이 자국의 크기와 자원에 걸맞은 보다 큰 세계적 역할을 할 수 있도록 성장하기를 바라고 있다.

또한 인도는 핵무기보유국으로서 인도양 일대, 즉 수에즈와 말라카 해협에서 남지나해에 걸친 지역의 안보 관리에 있어서 합당한 역할을 주장하고 있다. 이것은 바로 영국령 인도의 안보 의무로 회귀하는 안보의 틀이다. 의미심장하게도, 핵무장 국가로서 인도(그리고 파키스탄)를 공식 선포하고, 핵 확산에 대한 비난세례를 가져왔으며, 인도아대륙에서 핵폭발에 대한 위험 가능성의 경각심을 불러 일으켰던 잇단 핵실험('Shakti' 테스트)이후 3년이 지난 지금 동남아시아에서는 인도의 핵무장 지위가 암묵적으로 받아들여지고 있다. 그리고 보다 적극적 해군력 강화계획에 대한 인도의 재 시위는 1980년대와 같이 인도의 해군력 야심에 대해서 가졌던 의심이나 불신을 불러일으키는 것 같지 않다. 베트남과 인도네시아와 같은 국가들은 인도를 UN 안전보장이사회 회원국의 후보로서 지지하고 있다. 또 이들은 동남 아시아의 모든 정치, 경제 포럼에 대한 인도의 회원자격을 지지하고, 인도양 지역의 안보와 안정을 유지하는데 있어 인도의 역할을 강조하고 있다.

가장 중요한 것은 인도의 경제, 안보 추진 약속이 인도양과 그 주변지역 평화 유지를 위해 인도의 보다 광범위한 역할에 대한 새 부쉬 행정부의 공개지지로 수렴되어 나타난다는 점이다. 이것은 인도를 중국과 미국의 전략적 경쟁관계에 대한 균형세력으로 덧붙이는 것인가? 부쉬 정부는 '전략적 경쟁자'로 그려지고 있는 중국과 이미 어렵고 힘든 관계를 경험하기 시작했음을 보여주고 있다. 1998년의 포크란Ⅱ(PokhranⅡ)핵실험은 인도 방어체제로 하여금 중국을 인도의 제1적국으로 선포하도록 자극했다. 그리고 비록 외교상 손상규제가 긴장을 완화시켰음에도 불구하고 학계와 정책입안자 집단 내의 힌두 우익 이데올로기는 점점 더 중국과 인도의 전략적 경쟁관계를 투영하는 정책 틀들을 표명하고 있다. 뉴델리에서 전략집단 내의 영향력 있는 분파는 중국을 공동위협 국으로 가정하는 경쟁적 안보 틀 안에 미얀마, 베트남과 인도네시아를 끌어들이는 새 외교안보정책을 구상해오고 있다. 이는 중국-인도의 전략적 적대관계가 지역전체로 확산되고, 아시아인들에게 위험한 결과를 가져오며, 반민주주의적 군사문화와 반 민중정책 등과 함께 하는 자족적 의미를 갖는다.

우리는 잠깐 숨을 돌리고 우리 자신에게 물어볼 필요가 있다. 이것은 어떤 종류의 인도의 동방정책인가? 이 정책은 누구의 이익을 위한 것인가? 사람들이 우리 아시아 이웃국들과의 보다 좋은 관계에 대해서 이야기할 때, 우리가 질문을 해봐야 할 것은 누구의 미얀마와 더 좋은 관계를 맺는 가이다. 국가평화개발회의(the State Peace and Development Council)의 장성들의 미얀마인가? 분명히 아웅산 수지나 친 민주주의 운동과의 관계는 아니다. 미얀마와의 실용적 연대의 신 정치학에 대한 근본적인 이유는 중국의 확대되고 있는 경제, 군사적 영향력, 특히 인도양에서의 해군력 야망으로부터 감지된 안보위협에 대한 견제이다. 인도와 미얀마 정부간의 '보다 좋은 관계'의 응분의 대상은 국경을 넘나들며 일어나는 반란행위와 테러리즘을 차단하는 것이다. 그러나 이 '반군들'은 누구인가? 그들은 지금 국경 너머로 되돌려 보내 저 강제노동과 사형에 직면하게 될, 친 민주주의 피난처를 찾고 있는 미얀마 난민들이다. 그들은 권위주의 중앙집권 미얀마 정부와 투쟁하는 부족 민족주의 투사들이다.

국경의 다른 한편에서 이들은 억압을 받고 있는 'UGs'이다. 그들은 53년 동안 자신들의 존엄성과 자유를 가지고 살고자하는 민족자결의 역사적 권리를 위해 다수주의 인도 정부의 군국주의적, 문화적 헤게모니 정책들에 대항해서 투쟁해 온 나가(the Naga) 반군들을 포함한다. 인도정부의 평정의 잔학한 정책은 동북부지역에서 민간 영역의 군사화, 헌법상 권리의 정지, 형벌면제에 대한 엄격한 법의 도입과 군의 사실상 통치를 목격해 왔다. 그렇다면 국경을 넘나드는 테러리즘을 근절한다는 것은 어떤 의미인가? 우리는 테러리즘을 전멸시킨다는 미명하에 일반 민중들의 권리와 자유가 박탈되어진 것을 경험해왔다.

아이러니 하게도 동쪽의 경제 발전소로 이르게 하는 인도의 관문으로 변형시킬 뉴델리가 '동방'정책을 이야기할 때는 인도의 낙후된 동북지역을 개발한다는 명목을 내세운다. 우리의 동쪽 이웃 국들과의 경제적, 제도적 연결고리를 개발하는 것은 곧 낙후된 동북부지역을 발전시키는 있어서 매우 중요하며 또한, 동북부지역을 가난한 '주변부'에서 수 있는 정치적 가능성을 쥐고 있다고 주장되었다. 그러나 도로 기반시설 및 대규모 댐 건설 위한 굴지의 사업 계약, 석유 및 에너지 협정, 방위기술과 핵에너지에서 협력이 어떤 종류의 발전을 가져오는가? 그러한 개발은 얼마나 지속적일 것인가? 그것은 누구의 권리를 위해 기여하는가? 이런 모든 계획들 속에서 민중은 어디에 있는가? 그것은 얼마나 참여적인 민주주의 문화를 촉진시킬 것인가?

아마 틀림없이, '동방'지향정책은 인도(그리고 남아시아 국가체계의 공동체화된 정치)에서 진용을 정비한 세속적 공간을 위해 부활하는 온건 이슬람 시민사회가 민주주의의 기회와 도전을 협상하는 가능성의 창을 열어 주었을 수도 있었을 것이다. 말레이시아와 인도네시아의 다민족, 다종교, 다언어 사회는 파키스탄과 아프가니스탄 그리고 힌두 인도)의 정치적 궤도인 이슬람화를 향한 필연적 경향에 대한 대안으로서 온건 민족주의자들과의 동맹수립의 가능성과 필요성을 그리고 온건 이슬람을 대표하는 것으로 인정되어왔다.[1]

우리는 또한 인도국민당(BJP) 정부의 동방정책 선동에 내재되어 있는 이데올로기적 이해관계에 대해 보다 비판적으로 고찰해볼 필요가 있다. 인도국민당(BJP)의 힌두 민족주의적 성향의 이념적 원천인 국민자원봉사단(Rashtriya Sevak Sangh, RSS)이 동방정책을 지지해왔다는 사실은 결코 우연이 아니다. 최근 RSS는 인도 무슬림들에게 그들의 종교와 문화의 원천으로서 파키스탄이나 아랍세계의 서방 바라보기를 그만두고 대신에 가장 현대화된 최대 무슬림 국가인 인도네시아와 말레이시아를 향해 동쪽을 바라보고 그곳에서 숭배되고 있는 고대 힌두 신들을 경배하는 것을 배우라고 요구했다. RSS의 근본원리는 헤게모니 힌두 정치속에 코드화되어 있다.

'종교적 과격주의'에 퍼부어지는 일반적인 비난에 대해서 뉴델리와 자카르타는 이해를 함께 한다. 그러나 이러한 수사에서 주해를 떼어낸다면, 힌두 민족주의 인도국민당(BJP) 주도 정부에 있어 '종교적 과격주의'는 이슬람과 기독교 근본주의를 돌려서 표현한

---

1) 압둘라만 와히드 대통령 인터뷰, *The Hindu*, 2002년 1월 13일자; 총리 모하마드 마티르박사 인터뷰, *The Hindu*, 2001년 2월 6일자.

것뿐이다. 이러한 틀에서 빠진 부분은 국가가 조장해 온 다수 힌두 과격주의이다.

게다가 와히드의 인도네시아에서 다원주의와 다문화주의와의 정치적 협상을 위한 민주적 여지는 있는가? 민주적 테두리 내에서 민족적, 종교적 정치주장들을 수용하는데 있어서 인도네시아 지도부의 능력으로 보아 민주주의, 온건 민족주의, 세속주의나 차이를 협상해 내는데 있어서 비폭력 수단을 위해 받아들이리라고는 긍정적으로 예측하기 어렵다. 우리는 다원주의와 온건 이슬람, 급증하는 정치폭력의 민족화, 강제력, 억압과 형벌면제의 사용을 위한 여지가 점차 줄어들고 있음을 알 수 있다. 와히드의 인도네시아는 이슬람화와 민주화의 조화를 잘 보여주는 공존의 가능성으로서 환영받았다. 그러나 칼리만탄에서의 인종간 폭력사태의 격발, 자카르타에서 일어난 반(反)중국인 도시 폭력사태나 인도네시아 정부, 특히 군대와 연루되어 있는 동티모르에서의 선거폭력 희생자들에게 물어 보라.

'인도네시아화'라는 말은, 위기 극복의 기술을 교묘하게 사용해온 명령체제나 도덕적 권위가 부족한 정부에 대한 아시아적 어휘로 자리잡기 시작했다. 17개월 중 50일이라는 해외관광 기록을 가진 와히드는 칼리만탄에서 인종폭력사태가 발발하고 있었을 때 멀리 나가 있었다. 인도의 칼럼니스트 프라풀 비드와이(Praful Bidwai)는 인도의 방어체계구축을 위한 거래에서 일어났던 텔카(Telhlka) 부패 스캔들에 대한 논평(SACW13 4월 10일)에서 '인도의 인도네시아화' 라고 명명하고, 인도 총리 바지파이와 인도네시아 와히드 대통령을 "비열하고, 편협하게 세계주의화된 정치 정권을 이끌고 위기를 극복하는 뛰어난 술책을 개발해온 속 빈 강정"으로 비유하고 있다.

두 지도자가 요란스럽게 서로를 방문했던 기간 동안에 주고받은 외교적 수사는 국민국가의 영토 통합에 대한 확약과 서로의 국내 문제에 대해서 간섭하지 않겠다는 입장만을 되뇌는 것들이었다. 이 둘은 국제국가체제의 필요불가결의 것이다. 그러나 그 관점을 바꾸어서 카쉬미르(Kashmir), 자프나(Jaffna) 혹은 아체(Aceh)에서 권리를 위해 투쟁하는 사람들에게 그것이 무엇을 의미하는지에 초점을 맞추어 보자. 그것이 식민사회로 하여금 모든 합법적 권력의 유일한 보고(寶庫)라고 주장하는 국가의 권위주의적 권력구조에 도전하는 시민사회를 위한 민주적 공간에 어떤 의미를 갖는가? 영토통합 위에 가정된 그러한 국민국가 구조가 아체의 나가(Nagas)족들의 민족자결에 대한 신뢰를 가지고 대화에 참여할 수 있는가? 많은 경우에 그것은 자치운동의 민주적 공간을 부정함으로써 투쟁을 과격화시키고 군사화 시켰다. 민중투쟁에 있어서 '불간섭'이라는 말은 시민들을 억압하고 압박하는 국가의 합법적 권리를 의미한다.

인도 동방정책의 지지자들은 무역과 노동기준, 인권을 연계시키려는 압력에 저항하기 위해 WTO와의 협상에서 '아시아'와의 공통주장을 펼칠 수밖에 없는 필요성에 대해서 이야기해왔다. 논쟁의 여지가 있지만, 그것은 우리의 경쟁력을 손상시키는 북반구(서구)의 일부 보호주의적 책략이다. 그러나 수출 지향적인 성장전략은 누구의 이해에 기여하는가? 그것은 노동기준에 대해 거의 고려하지 않거나 전혀 고려하지 않는 수출가공단지에서 일하는 여성들, 아이들, 그리고 남자들을 위한 것인가? 그리고 천연자원이 약탈당하고 환경이 파괴되어 민중들은 가난과 저개발 상태에서 살지만, 지배 엘리트들의 공익은 충족되는 그런 지역의 이해 관계인가.

민주적 테두리 내에서 인권 존중의 강화라는 시각에서 볼 때, 필자는 아래에서 핵무기 보유국인 인도의 새로운 안전보장 추구 속에서 진행된 미얀마, 베트남, 인도네시아와의 관계의 함의에 대해서 고찰하게 될 것이다. 새로운 논의사항은 중국과의 경쟁관계 속에서 아시아에서 세력을 확보하고자 열망하는 인도를 구체화하는 것이다(이는 이 지역에 대한 미국의 비전과 얽혀져 있다). 전략적 경쟁 속에 코드화된 아시아적 정체성을 주장하고 있는 인도가 아시아 사람들에 대해 가지는 함의는 무엇인가? 그것은 인도에 있어서는 군사화와 반민주적 정책이라는 결과를 가져왔고, 그리고 동남아시아 정치에 큰 영향을 미쳤다. 안전보장 패러다임의 우세는 필연적으로 상처받기 쉬운 집단들 특히 빈민, 여성, 난민, 소수민족들과 이주민들의 삶의 기회를 붕괴시키고, 환경에 대한 관심을 평가절하하며 남성 우월적인 문화를 장려한다.

안전보장 중심의 대화에 대한 공식적인 지향은 인간의 안전을 증진시키는 대안적인 민중 중심적인 대화에 의해 도전 받을 필요가 있나 인권과 민주주의를 위태롭게 하는 국가 안전보장의 개념으로는 도전 받을 필요가 없다. 또한 힌두 문명의 위대함이라는 관점을 가지고 동방정책을 주장하고 있는 인도국민당(BJP)정부의 입장에 내재해 있는 식민지적, 종교공동체적인 사고에 대항하여 지켜낼 필요가 있다. 따라서 이 시점에서 이러한 반민중적 정책들에 반대하는 아시아에서의 민중투쟁들 간에 실재적 연대를 개발하는 것은 매우 중요하다.

Ⅱ. 인도의 '세계적' 역할과 중국 – 인도간의
전략적 라이벌 관계?

아시아에서 인도의 불후의 문화적 족적(足炙)은 정복을 통해서가 아니라 무역을 통해서, 그리고 관념과 철학이 끌어당기는 힘의 결과였다. 그러나 그것은 인도가 식민제국의 기둥인 동인도와 영국령 인도에서 식민지배의 명백한 보병역할을 했던 식민기간 동안에 뒤죽박죽이 되었다. 식민시대 이후 인도의 정체성과 역할을 모호하게 만들었던 것은 바로 역사적 유산이었다. 반 제국주의적 국제주의에 대한 자와할 랄 네루(Jawahar Lal Nehru)의 초기 시도 이후, 인도는 동남아시아에 등을 돌렸다. 이는 인도가 두 번째로 긴 국경을 미얀마와 함께 1463Km나 공유하고 있고, 태국과 인도네시아와는 해상경계를 공유하고 있다는 사실에도 불구하고도 말이다. 니코바르 군도의 남쪽 끝은 인도네시아의 수마트라에서 100Km정도 밖에 떨어져 있지 않다.

대체로, 인도의 동쪽 이웃국들이 초강대국들의 경쟁의 소용돌이 속으로 빨려 들어갔을 때, '비동맹 중립국'이자 '사회주의'를 표방했던 인도는 친미 '아시아'에서 한 발짝 물러나 있었다. 아시아에서 중국은 미국과 러시아간의 결정적인 추축 관계를 가로지르는 제3의 축이었다. 인도의 대아시아 정책은 대개 중국 중심이었다. 인도 공식 후원 국방연구소 IDSA의 전략 분석가들은 당시에도 지금처럼 동쪽을 향한 인도 정책의 결정적인 특징은 중국 '봉쇄'였다고 주장한다.[2] 실제로 인도의 대 동남아시아와 관계는 중국-인도, 인도-미국, 그리고 인도-러시아라는 보다 중요한 추축관계에서 일어나는 정치적 리듬을 따르고 있었다.

1971년 소비에트연방공화국과 우호조약(닉슨의 핑퐁외교도 일치하는데)을 체결키로 한 인도의 결정은 동남아시아에서 미국과 중국의 한편과 이에 대항하는 인도와 소련의 동맹이라는 냉전시나리오를 이끌어 내었다. 뉴델리의 정책입안자들은 동남아시아와 인도차이나가 초강대국의 경쟁 구조 속에 너무나 깊숙이 에워싸

---

2) G. V., "Naidu, India and ASEAN", *Dephi Papers* 8(1998).

여 있다고 보았다. 따라서 베트남에서의 미국 철수에 이어, 거대 강대국의 개입을 감소시키겠다는 아세안 국가들의 움직임은 별 신빙성을 주지 못했다. 인도가 베트남과 함께 했던 전략적 이해는 특히 1979년 베트남에 대한 중국의 보복행위 이후로 베트남을 옹호하는 쪽으로 기울어진 소련과 뜻을 같이하면서 펼친 라이벌 진영의 냉전논리의 일부분이었다. 1980년 인도가 처음 베트남이 지지하는 캄보디아의 행삼린(Heng Samrin)체제를 인정한 것은 우연한 일이 아니었다. 얼마나 중국이 인도의 전략적 계산에 있어서 큰 비중을 차지했는가는 캄보디아를 인정하기로 한 인도의 결정 시점으로부터 추정할 수 있다. 당시 중국 외무부 장관이었던 후앙 후아(Huang Hua)가 인도를 방문하기로 되어있었던 바로 몇 주전이었던 것이다.

그때는 냉전시대였다. 그러나 그러한 사고방식들은 바지파이 총리가 지난 1월 한 주 동안 베트남과 인도네시아를 국빈 방문한 것에 대한 인도의 논평들에도 반영되어 있듯이 전략적 분석에 지속적으로 반영되고 있다. 그런데 총리의 방문은 우연히도 중국의 제2인자인 리펭(Li Peng)이 인도를 방문하던 시점과 일치하였다. 그리고 우연하게도 그 당시 미 국무장관인 콜린 파웰은 상원인준청문회에서 부쉬 행정부가 중국을 '전략적 동반자'로서가 아니라 전략적 경쟁자 혹은 전략적 적수로서 간주하고 있으며, 인도는 미국의 대외정책에 있어서 점점 더 중심적 위치를 차지하도록 성장해야 할 것임을 시사하고 있었다. 기존에 경쟁을 조장하는데 관심을 가져왔던 인도의 전략적 커뮤니티 내의 '현실주의주의자들'은 재빨리 인도가 중국과 겨루는 정책들을 밀고 나갈 기회를 엿보고 있었다. 국방연구분석연구소(IDSA – 국방부 산하 연구소)의 소장인 공군 준장 자스지트 씽(Jasjit Singh)은 2월 9일자 국제 헤럴드 트리뷴과의 인터뷰에서 중국을 인도의 '경제적, 정치적, 군사적으로 중심 전략

경쟁자'로서 간주한다고 말하였다. 그 당시 우연케도 인도 외무부 장관 자스완트 씽(Jaswnat Singh)은 미얀마를 방문하고 있었다.

여기서 인도-중국관계의 윤곽을 가로질러 보려는 것이 우리의 관심사는 아니다. 그러나 인도-중국관계에서 기본적인 '개방성'을 강조하고 그러한 관계가 결국은 적대감이나 우호감 쪽으로 움직이게 될 지의 여부는 확실하지 않다고 언급한 국제 정세 해설자인 아친 바나익(Achin Vanaik)의 분석3)을 상기해 봄직은 하다. 논쟁의 여지가 있긴 하지만 인도의 전략적 커뮤니티의 한 분파는 중국과의 관계에서 보다 단호할 것을 요구해왔지만, 중국의 의도를 평가하는데 있어서의 불확실성은 인도의 대외정책체제를 규정짓는 요소로 남아있다. 그러나 점점 더 힌두 민족주의 인도국민당(BJP)의 안전보장 정책 이데올로기는 중국의 보복주의에 도전하면서 핵보유국인 인도가 현상유지가 아닌 권력 지향적 대외정책을 추구할 것을 주장해 오고 있다.4) 지난 몇 년간, 중국과의 관계가 다시 어수선해진 것도 우연한 일이 아니다.

중국의 핵위협이 그 이유로 설명되었던 1998년 5월 포크란Ⅱ 핵실험 이후로 인도-중국관계는 혼란의 늪으로 빠져들어 갔다. 2000년 1월 리 펭의 인도 방문은 보다 성숙한 관계를 위한 전조일 수 있다. 리(Lie)는 앞서 베이징에서 중국과 인도는 서로를 위협하거나 적으로 간주하지 않는다는 나라야난 대통령의 베이징확약을 상기시켰다. 리 펭이 베이징으로 떠나기 바로 전에, 인도는 중거리 탄도 미사일 아그니Ⅱ(AgniⅡ)(중국의 대부분 지역을 목표물로 삼을 수 있을 만한)를 시험 발사했고, 이는 전략적 자율성을 추구하고자 하는 인도의 결심을 알리는 것이었다. 중국의 온건적 관리들의 반응은 인도 언론들로 하여금 중국이 인도의 핵무기 보유국으

---

3) *The Hindu*, 1월 27일자.
4) Sen, "Foreign Policy Power", *EPW*, 1월.

로서의 지위를 받아들이고 있는 것은 아닌지 추측하게 만들었다.5)

여기서의 관심사는 인도가 중국의 '보복주의자'들을 다루는데 있어서 '전략적 자율성'에 대하여 핵무기 보유국으로서 새로이 자신감을 발견하고 인도와 중국이 상호 경쟁자/적수가 되어버리는 자기만족적 예언으로 빠져듦으로써 아시아의 안전에 부정적인 영향을 미쳐서는 안 된다는 것이다. 더욱 우려 할만한 것은 인도가 인도양 지역에서 미국 후원의 중국 '봉쇄'전략 속으로 빠져들어 갈 가능성이 있다는 점이다. 중국이 미국의 전략적 전통 외교의 중심무대에 서게됨으로써, 인도는 중국을 봉쇄시키는 데 있어서 우방으로 인식되고 있단 말인가? 지난 4월 방문했던 인도 외무부 장관과의 즉석 밀담에서 조지 부쉬 대통령이 보였던 남다른 정중함은 인도에 대한 보다 깊은 이해를 알리는 것으로 해석되었다. 보다 앞서 클린턴 대통령은 단호하게 미국의 관계에서 하이픈으로 연결된 인도-파키스탄이라는 축 관계를 깨뜨렸었다. 새로 하이픈으로 연결된 중국-인도를 형성하는 것이 부쉬 행정부에게는 위험한가? 논평자들은 재빨리, 부쉬 대통령이 인도를 선택한 것은 첩보 정찰기(偵察機) 위기를 둘러싼 중국과의 갈등과 일치한다고 관측했다.6)

인도의 대외정책체제는 그러한 역할을 부인하지만, 워싱턴으로부터의 언론보도에 따르면 부쉬 행정부가 중국의 힘을 견제할 수 있는 방안을 모색하고 있음을 알 수 있다.7) 부쉬 행정부가 중국에 강하게 나가려고 하는 것만은 명확하다. 인도는 미국 국가안보 자문인 콘도리자 라이스에 의해 아시아 평화와 안전에 있어서 한 요

---

5) "알카 아차랴 '리 펭'의 인도 방문: 의례와 현실", EPW, 2001년 2월 3일자.
6) 스리다르 크리쉬나스와미, "인디아, 미국과 중국의 오랜 그림자", *The Hindu*, 2001년 4월 15일자.
7) 라자 모한, "동맹관계 만들기", *The Hindu*, 2001년 4월 15일자.

인으로 간주된 것과는 대조적으로 중국은 국무부 젠 콜린 파웰 장관에 의해서 처음부터 '전략적 경쟁자'로 인식되었다. 권력을 가진 힌두 민족주의자들의 이데올로기로 대담해진 인도의 전략 커뮤니티 내의 '현실주의주의자들'은 보다 넓은 인도의 역할에 대한 부쉬 대통령의 인정 속에서 강국들의 협상테이블에 끼고자 하는 인도의 야망을 옹호하고 있음을 알 수 있다. 힌두 민족주의자들은 인도가 국내 및 국제적으로 나약한 정치학을 털어 버리고, 보다 남성적인 혹은 권력 지향적인 정치를 주장하면서 세계적 세력이 되고자 하는 열망으로 들떠있다.

전략 커뮤니티의 관점을 대변하는 언론보도들은 새로이 부상되기 시작하는 인도-미국관계의 출현을 전략적 동맹관계가 아니라 안전보장 면에서의 협력이라는 특징이 두드러지게 드러나는 파트너십이라고 보도하고 있다. 인도는 워싱턴이 그러한 전략적 이해가 단순히 기존에 정의되어 온 남아시아에만 초점이 맞추어지지 않는다는 점을 인정해주기를 바라고 있다. 이러한 전략적 이해관계는 수에즈에서 말라카 해협에 이르는 넓은 지역을 포함한다. "다시 말해서 미국은 세계적 책임을 다하면서 이 지역에서 인도의 야망과 자율성을 고려에 넣어야한다."8) 이러한 맥락에서 미국이 한 고위관리로 하여금 중국과 인도를 포함하는 아시아-태평양지역을 다루도록 근동(近東)지역으로부터 남아시아를 분리시키려는 국가 안보회의 의 움직임은 주목을 받아 왔다.

인도의 관리와 외교관들은 아시아태평양에서 인도에 관하여 연계(linkage)나 하이픈의 생각을 무시하고 있다. 그러나 특별히 공화국 행정부는 연계 정치학이라는 기술을 교묘히 부려왔다. 베이징의 견지에서 벗어나지 못하고 있다. 불분명한 것은 견제의 본질이

---

8) 아툴 아네자, *The Hindu.*

다. 워싱턴이 뉴델리와의 관계에 있어서 특별한 의미를 두고 있다는 것이 중국을 불편하게 만드는 것을 의미하는가?

Ⅲ. '동방' 정책 ('Look East' Policy)

동남아시아는 인도의 대외정책에 있어서 오랫동안 무시되어 오다가, 90년대 초반에야 비로소 인도가 세계화하고 있는 세계의 현실과 아시아태평양 커뮤니티에 포함될지도 모른다는 사실의 중요성을 깨닫게 되면서 지속적인 외교교섭의 중심이 되었다. 지면의 제약 탓으로, 그리고 이 발표의 초점을 분명히 하기 위하여 필자는 지난 1월 바지파이 총리의 베트남과 인도네시아 방문기간 동안에 분명하게 드러난 인도의 새로운 동방 정책을 아주 대략적으로만 그려볼 것이다. 필자의 관심은 아시아에서 부활하는 인도의 새로운 아젠다의 본질 즉, 미국 – 중국의 결정적 축 관계와 함께 인도와 중국간의 전략적 경쟁관계에 집중되어 있다.

지난 2월 미얀마 방문에서 인도의 외무부 장관 자스완트 씽은 인도의 적극적인 동방정책에 대해 설명하면서, 인도가 어떻게 혼자 '떨어져 있을 수 있겠는가'라고 말했다. 그는 지리경제학적, 지정학적 중요성을 지적하면서 '인도가 동남아지역에서 중심이라는 것을 얼마나 잊고 있었던가'라고 말했다. 인도 총리의 안보자문관인 브라제쉬 미쉬라(Brajesh Mishra)도 똑같이 전망하고 있었다. 아세안이 인도의 더욱 장대해진 '포크란 이후'의 비전에서 어디에 위치하는가를 하노이에서 질문 받았을 때 그는 이렇게 말했다. "아세안은 우리에게 매우 중요한 실재이다. 교역 면에서 그리고 경제 협력 면에서 … 여기 해상항로는 다른 나라들에게 그러하듯이 우리에게도 중요하다는 것을 잊어서는 안 된다. 해상항로를 통한 일본과 우리의 교역은 중요한 요소이다. 그리고 물론 아세안은 거기에 있다. 그러나 나는 그러한 관계를 안전보장이나 전략적 관심의 견지에서만 바라보지 않겠다. 그러한 관계에는 중요한 상업 경제와 문화적 요소들이 내포되어 있다." 예를 들면서 그는 말하기를, 만약 인도가 베트남으로부터 원유를 수입하고자 한다면, '우리는 그 원유가 우리에게 도착될 수 있도록 해상항로의 안전보장을 원한다. … 우리의 일부이다. … 나는 이를 안전에 대한 걱정이라기보다는 우리 안전보장 전략의 부분이라고 말하고 싶다'.9)

공식적으로 고무된 언론분석은 '안전보장전략'이 열망하고 있는 것 즉, 미국과의 방어협력으로 특징지어지는 파트너십을 시사하고 있다. 그리고 수에즈에서 말라카 해협에 이르기까지의 지역에서 인도의 전략적 자율성에 대한 인정을 예견하였다.10) 베트남과 인도네시아 순방 길에 인도의 '동방'정책을 설명하면서 바지파이는 인도가 아시아에서 주요한 세계적 역할을 하겠다고 강조하였다. 그 결과는 여러 아시아-태평양 포럼 회원, 아세안-인도정상회담, 확대된 UN 안보리의 아시아 의석 인도의 후보 지지에 대한 인도의 정당한 주장으로 나타났다.

새로운 동방 정책의 기본원칙은 군사화, 중앙집권화와 민중에 대한 무책임을 조장하는 영역들인 국방물자, 핵에너지, 석유와 가스 탐사에 대한 잠재적 협력이다. 정치적 이해는 민주적-폭력화된-민족 및 공동체 도전들과 개발 및 환경정의를 위한 사회운동에 직면하고 있는 영토 통합과 국내정치에 대한 불간섭을 보장받는 것에 기초를 두고 있다. 그런데 국가들은 민주적-폭력화하는

---

9) *The Hindu*, 1월 10일자.
10) 아툴 아네자, "미국이 새롭게 정의 내리고 있는 안전보장 계획으로서의 인도", *The Hindu*, 4월 11일자.

－인종적 및 공동체적인 도전들, 그리고 개발정의 및 사회운동에 직면하고 있다. 안정보장에 대한 이해는 아시아에서 중국과 인도를 전략적 라이벌로 상정하고 있다. 90년대 아시아에 있던 기지들로부터 미군이 철수했던 사실은 권력 공백에 대한 공포를 낳았고, 태국의 항공모함 구입에서 요약되듯이 태국, 말레이시아, 인도네시아로 하여금 야심 찬 군사확장 프로그램에 착수하도록 하였다. 이러한 계획은 경제위기로 위축되었다. 또한 국내 민족집단과 공동체들간의 긴장상태가 촉발됨에 따라서 더욱더 내부지향적인 정책에 관심을 기울이게 되었다. 1980년대 말 대 해군주의를 발전시키고자 했던 인도의 열망은 인도양의 안정을 위협하는 것으로서 반대되었다. 인도는 지금 예전보다 쉽게 받아들여질 수 있는 세력인가? 포크란Ⅱ 핵실험 이후 3년이 지난 지금, 인도가 핵화 되어 가고 있다는 점에 대한 우려는 이번 바지파이의 동남아시아 순방에서 드러나지 않았다는 점은 중요하다.

아래에서 필자는 바지파이의 동방정책 순방의 첫 발걸음을 내딛고 자스완트 씽이 미얀마를 방문하는 동안에 분명하게 드러났듯이, 인도와 미얀마, 베트남, 인도네시아를 가로지르는 지점에서 잠시 머물다가 논의를 계속할 것이다. 인도는 아세안 대화상대국이지만(APEC 대화상대국은 아니다), 베트남 총리 판 반 카이(Phan Van Khai)가 말했듯이 인도는 아세안 교역에서 1%이하를 차지한다. 인도의 동방 정책은 실체에 대한 것이라기보다는 수사이다. 보다 최근에는 새로운 하부지역제도 연결장치 예컨대 BIMSTEC(방글라데시, 인도, 미얀마, 스리랑카, 태국, 그리고 옵서버 지위를 가진 네팔을 포함하는)과 메콩－강가(Mekong－Ganga) 그룹과의 연결고리를 개발하자는 제안이 있었다.

1. 미얀마

인도와 미얀마와의 관계는 민주주의적이고 인도주의적 공감대를 형성하고자 하기보다는 안전보장을 고려하는 현실정책을 반영하고 있다. 1988년 인도는 민주주의 수호 운동을 앞장서서 지지하였고, 쫓기던 미얀마 학생 민주운동가들을 기쁘게 맞이했고, 심지어는 그들의 이동에 필요한 재정적인 지원을 하기도 하였다. 1994년에 피난민들은 군사정부인 국가법질서회복위원회(SLORC)와의 실용적인 '계약'이라는 뉴델리의 신정책의 이해관계로 말미암아 뒷전으로 내밀렸다. 민주수호 운동지도자인 아웅산 수지는 인도에서 명사대우를 받아왔고 1993년에는 국제적 이해에 대한 자와할랄 네루 상을 수상했다. 그러나 시상식이 일어나기도 전에 인도는 재빨리 태도를 바꾸었고 따라서 시상은 수치스러운 모양새를 갖게 되었다. 문제가 된 것은 미얀마는 중국으로부터 위협을 견제해야만 하는 지정학적 특성상의 강요를 점점 더 떠 안게 되었다는 점이다. 전략적 커뮤니티는 인도양에서의 중국의 해상 야욕에 대하여 경종을 울렸고 코코섬에 있는 중국의 해군기지에 대한 의혹의 목소리를 높였다. 그러나 이러한 지정학적 강제의 인질은 난민들이었다. 인도 외무부가 그들에 대한 호의를 철회하자, 미조람 정부경찰은 40,000명의 중국계 미얀마 난민들에게 테러를 자행하였고 그들을 추방하겠다고 위협하였다.[11]

그에 상당하는 것은 인도와 미얀마 당국이 허술한 국경지역을 합동으로 경비하면서 국경을 넘나드는 반란행위를 진압하는 것이었다. 인도 북동부 지역은 종족 민족적 투쟁이 들끓고 있는 가마

---

11) Manchanda, "Nowhere Peoples", *States Citizens and Outsiders*, (1997), pp. 204–217.

솥이라고 할 수 있는데 미얀마는 접경지역을 피난처로 제공해 왔었다. 1995-1996년의 인도 내무부의 연례 보고서는 양 국경에서 일어나는 폭동을 차단하는데 있어서 정찰을 공동으로 수행해넘으로써 성공을 거둘 수 있었다고 찬양하고 있다. 장군들은 대가를 요구했다. 1995년 미조람의 챰파이 난민 수용소는 폐쇄되었다. 그 이후로 고위관리들의 방문이 줄을 이었다.

지난 2월 국경마을인 모레(마니푸르 인도)를 연결하는 도로 타무 카레-카레미오 착공식에 인도 외무부 장관 자스반트 씽(Jaswant Singh)이 참석한 것은 그러한 관계의 전략적 특성을 잘 보여준다. 좋은 도로는 폭동이 일어났을 때 대응하는 시간을 단축시킨다. '우정'의 도로(아시아 고속도로의 한 부분인)는 동북부지역의 개발을 위한 경제적 연결고리를 증진시키는데 중요하다. 그러한 계산 하에서 BIMSTEC과 같은 것이 제안되었던 것이다. 양군(Yangoon)에서 자스완트 싱그가 언급했던 바처럼, 이는 분리되기 이전(식민) 인도의 '공동시장'을 복구시키고 새로운 활력을 불어넣어 주었다. 그러나 천연자원 개발에 기초한 기간시설과 경제 프로젝트들은 가장 많은 영향을 받을 민중을 배제한 채 상명하달식의 비참여의사결정구조로 계획되어왔다. 이는 지역 발전의 전조인가 아니면 지역 퇴보의 전조인가?

2. 베트남

베트남은 오늘날 인도의 '전략적 동반자'이자 '우리지역'에서 안정을 유지하는데 인도의 역할을 강력하게 지지하는 국가로 간주되고 있다. 앞서 보았듯이, 1990년대까지 인도-베트남 관계는 중국-인도 그리고 인도-러시아의 축 관계에 의해 결정되었다.

1979년 중국이 베트남을 침공하였을 당시 외무부 장관이었던 바지파이는 베이징을 방문하고 있었는데, 이는 그로 하여금 갑자기 그 방문을 중도에 포기하게 만들었다. 캄보디아에 대한 베트남 정책의 인도지지는 이미 논평이 이루어지고 있었다.

가장 최근에, 국방협력은 특히 해상협력이라는 특징으로 나타난다. 2000년 3월 인도 국방부장관 조지 페르난데스가 하노이를 방문했을 때, 인도는 베트남과 대 게릴라전 및 정글교전에 대항하는 훈련을 시키는데 이해를 같이 했다. 지난 1월 바지파이의 방문기간 동안에 새로운 〔협력〕 영역이 거론되었는데 이는 바로 핵에너지와 관련한 협력이다. 핵 과학 실험실을 설립하고 우라늄 채취와 개발을 지원하자는 양해각서(MOU)에 서명했다. 석유개발 협력은 이미 진행중이고, 인도 석유 및 천연가스 회사(ONGC)는 최대 해외 투자를 베트남에 하고 있다. 해상 항로를 보호하는 인도의 책임은 베트남으로부터 미래에 원유를 수입할 것이라는 것으로 합리화되었다.

바지파이는 인도의 UN 안보리 상임이사국에 대한 아시아의 지지를 획득하고자 하는 정치적 목적을 갖고 있었고, 베트남은 그것을 지지하면서 '인도는 동남아시아에서 모든 중요한 경제, 정치 포럼의 회원국이 될 자격이 있다'라고 주장했다. 베트남은 WTO 가입에 대한 지지를 기대하고 있다. 하노이에서 바지파이는 베트남을 방문하는 동안 계속해서 이야기해왔던 '테러리즘, 종교 과격주의, 파괴적이고 분리주의적 행동들'로부터 받는 안보에 대한 부담에 대하여 언급하였다. 인도의 대외정책적 용어로 말한다면, 그것은 파키스탄이 이러한 행동들을 후원한다는 것을 돌려서 표현한 것이다. 이슬람이거나 기독교라면 그것은 '종교 과격주의'이지만, 만약 바브리 모스크의 파괴와 같은 예에서 보듯이 정부후원의 힌두 과격주의는 '종교 과격주의'가 아니게 된다.[12]

3. 인도네시아

인도와 인도네시아의 관계에는(양국이 지신들의 하위 지역들에서 지배국이고 비동맹 국가라는 사실을 넘어서) '다양성 속의 단일성'라는 또 다른 중요한 점이 있다. 인도네시아의 모토는 'Bhinneka Tuggal Ika'이다. 인도네시아에서 민주화과정은 다민족, 다문화적 주장들에 대한 억압적 규제를 제거해 왔다. 다수 이슬람 인도네시아인들과 다수 힌두 인도인들은 둘 다 다민족 다종교 정치체제 속에서 복수(plural)의 협상을 위한 민주적 공간을 마련해야 한다는 도전을 받고있다. 와히드는 온건 민족주의자들과 온건 이슬람교도들의 동맹을 이루어낸 투사로서 자신을 표현해왔다.[13] 그러나 현실은 정치 주장에 대한 민주적 공간을 거부, 협상을 중단시키기 위해 무력을 사용하는 성질이나 군사화이다. 이는 민주화 과정을 겪고 있는 인도네시아의 특징일 뿐 아니라 민주적 인도의 특성이기도 하다. 수하르토가 저질렀던 초 법의 살인, 실종, 고문, 형벌면제들은 카쉬미르, 동북부 인도, 펀잡 지역에서 인도 민주주의를 특징짓고 있으며, 이제 와히드 정권은 동티모르, 말루쿠, 아체, 칼리만탄과 자카르타 거리에서 이런 것들을 자행하고 있다. 우리는 '다민족 다종교, 복합 사회들'을 지지한다고 주장하는 바지파이와 와히드를 비난할 때 그러한 것들을 염두에 두어야 한다. 인도 총리가 '종교 과격주의에 의해 부추겨지고 마약밀수와 총포류 밀수로 재정을 확보하는 테러리즘'을 비난할 때 파키스탄 후원 테

---

12) 말레이시아의 종교적 포용력을 모스크를 파괴한 인도 힌두들과 비교하여 긍정적으로 이야기한 말레이지아 총리 모하마드 마티르와의 인터뷰를 참조. *The Hindu*, 2월 8일자.
13) 와히드의 인터뷰, *The Hindu*, 1월 30일.

러리즘이라 말하는 것에 내재해 있는 의미는 무엇인가? 그가 양국
에서 인종적, 종교적, 언어적 다원주의의 균형을 뒤흔들려고 한다
는 세력들에 대해서 말할 때 – 이러한 세력들은 무엇인가 – 이슬람
테러리즘이라는 세력인가? 총리와 동행했던 인도의 저널리스트들
이 와히드에게 이슬람학자인가 '이슬람 과격주의자' 인가라고 물
었던 것은 놀라운 일이 아니다.

그 둘은 언제 서로의 단일성과 영토통합을 지지하는가. 아체나
카쉬미르에 대한 정치 대화는 무엇을 의미하는가. 자유 아체운동
(Free Aceh Movement)과의 대화에서, 와히드는 "아직 자유에 대한
정치적 요구를 포기하지 않고 있다. 그러나 그들이 (폭력) 행위를
하는 것이 아니라 그것에 관해서 말만 하는 한 … 이해할 수 있
다"고 말했다.14) 인도가 평화과정을 중지시키는데 카쉬미르와 지
배적 나가 군사집단과의 대화가 이용되고 있다. 휴전은 평화과정
의 출발점이라기보다는 전투기술을 낙후시키고 투쟁 의지를 매수
하고자 하는 전략적 담합에 있어 잠시 휴식을 취하는 정도였다.

어떤 점에서는 인도의 동방 정책과 그것의 거울 이미지인 파키
스탄의 서방 정책 모두는 남아시아를 휩쓸고 있는 걷잡을 수 없는
긴장감을 회피하고 동시에 이를 고조시키고자 한다. 실제로 파키
스탄의 한 칼럼니스트인 에자즈 아메드(Ejaj Ahmed)는 최근에 페
르베즈 무사라프(Pervez Musharaff) 장군의 서아시아 순방과 바지파
이의 동남아시아 순방에 대해 논평하면서 그것을 고통받은 남아
시아의 문제를 회피하는 것으로 기술하였다. 그러나 와히드가 그
의 손님인 바지파이에게 지적했듯이, 인도 – 아세안 정상회담에 대
해 계획을 세우기 전에 인도는 남아시아지역협력연합(SAARC)의
문제점들을 정리해야 한다. "아세안에서는 어떤 결정도 한쪽 편에

---

14) *The Hindu*, 1월 13일자.

의해서 정해지지 않는 다는 것을 이해되어야한다. 나는 인도를 아세안에 포함시키는 것을 선호하지만, 그러나 인도는 SAARC의 일부이며, 따라서 인도와 SAARC간의 관계가 고려되어야 한다".15) 요약하자면, SAARC 상황의 향상 없이는 우리가 인도와 인도네시아의 관계를 개선시키는 것은 불가능하다.

보다 명백한 점은 바지파이의 인도네시아 방문이 방위연계를 강화하는 계기가 되었다는 것이다. 인도네시아는 동티모르의 선거 폭력에 군과 정부의 연루된 것에 대한 제재를 받아왔다. 여기에서 국제 커뮤니티를 이끌고 있는 미국의 동티모르에 대한 위선에 대하여 논평하기는 적절치 않다. 그러나 의문의 여지없이 미국이 수하르토의 인도네시아와 동티모르 인구의 1/3을 죽게 한 인도네시아의 식민지적 억압정책을 수행하는데 제1의 무기공급 국가라는 것을 언급하는 것으로 충분할 것이다. 여기서 우리의 관심사에 밀접한 관계가 있는 것은 인도가 제재를 받고있던 인도네시아에 무기를 공급해오고 있다는 점이다. 국방협력을 위한 공동위원회가 설립되었고, 이 위원회는 해상감시선, 시설수리, 인도네시아의 군함들에 대한 부품공급, 그리고 잠수함과 어뢰에 대한 포와 탄약까지 공급하는 일을 하게 될 것이다. 인도는 인도네시아 정부관리들에게 최상의 군사훈련시설을 개방하게 되어 있다.

이와 같이 새로이 나타나고 있는 정부 대 정부간의 협력구조는 민주적 틀 안에서의 권리행사를 위한 공간의 축소를 예견케 하고 있으며, 군사화를 강화하고 실재적 민주주의를 약화시키며, 권력을 집중시키고 민중 안보에 비해 국가의 안보를 특권화시킨다.

인도는 오랜 민주 투쟁의 역사(그리고 국가권력에 대한 민중들의 폭력적 협상의 역사)를 가지고 있지만, 우리의 민주투쟁들간의

---

15) 압둘라만 와히드의 인터뷰, *The Hindu*, 1월 13일자.

연대를 발전시킬 기회는 여전히 대부분 개발되지 않은 채 남겨져 왔다. 이제 민중들의 민주투쟁의 수준에서 연대를 구성할 수 있는 새로운 기회가 왔고, 또한 이에 대한 절실한 필요성이 동시에 존재한다. 우리는 국가 중심적 동방정책에 반하는 대안적인 민중중심정책의 적절성과 가능성을 주장할 필요가 있다.

동남아시아의 여성과 민주화: 이론적 · 경험적 쟁점

로라 섬머즈
(Laura Summers)*

Ⅰ. 서 론

5·18 광주민중항쟁은 유럽의 대학가에 민주화운동으로 알려져 있음에도 불구하고, 그 동안 5·18에 대한 연구는 활발치 못했다. 나는 5·18 광주민중항쟁기념 제2회 국제학술대회에서 나의 견해를 발표하게 된 것을 기쁘고 영광스럽게 생각한다.

나는 5·18 항쟁처럼 시민 중심적 민중권력운동을 아우르는 특별한 단결정신에 관해 무엇인가 말하기 위해 본 학술대회에 참여하였다. 정치적 결속력은 많은 근원으로부터 나오며 이는 단기간만 유지된다. 그것은 갑자기 의지가 결집되어서나 또는 계급들간, 민중과 엘리트간의 경쟁적 목적으로 발생될 수 있다. 그것은 또한 노소(老小), 사제(師弟), 부모와 조부모까지 포함된 다수 가족들 등 말 그대로 "삶의 모든 부문의" 사람들로 구성된 들끓는 군중들로

---

* 영국 Hull 대학교(University of Hull, United Kingdom).

부터 나올 수 있다. 이들 운동들이 전통이 지닌 도덕적 권위를 획득하는데 성공하거나 자신들을 억압하는 공포와 테러를 극복하게 될 때, 그들은 희생정신과 용맹성으로 인해 국가의 권위를 장악하게 된다.

나는 자유의 특별한 정신과 힘에 충만한 시민운동의 감동적 결과들이라 말할 수 있는 광주민중항쟁, 1986년 최초의 필리핀 민중운동, 태국의 1973년 10월 14일 봉기, 1998년 인도네시아의 리포마시(reformasi) 봉기들이 핵심적으로는 가족의 젠더 정치체제(family gender regimes)의 붕괴로 인해 그리고 주변적으로는 여성의 용감스런 참여로 인해 가능했음을 주장하고자 한다. 미얀마의 아웅산 수지, 필리핀의 코리 아키노, 인도네시아의 메가와티 수카르노 푸트리는 물리력에 호소하는 잘못된 독재자들(네윈, 페디난드 마르코스, 수하르토)이 이끌던 권위주의 정부에 반대하는 민중적 봉기들을 통해 국가적 지도자가 되었다.

1996년 인도네시아의 한 운동가는 남성 지배적인 정권과 이들 남성들에 의해 고무된 남성적 정치문화로 인해 경쟁적이고 군사력에 크게 의존적인 공격적 "마초 정치 습성"(macho political habits)에 배여 있는 정치가 배태되었다고 주장하였다. 이와는 반대로 여성의 정치적 문화는 민중의 합법성을 반영한다. 이것이 "평온하고 빛을 발하며 관용을 수용하는" 정치문화이다.[1] 그는 계속하여 코리, 수지, 메가와티가 중요한 항쟁의 지도자가 된 이유에 대해 생각하고 있다. 그의 설명 또는 대답은 두 가지 갈래를 통해 이루어진다. 첫 번째 갈래는 저항정신이 "패권과 폭력을 찬양하는 정치적 문화의 요새 속에" 살고 있던 결과로 서서히 발현되었다는 설

---

1) Rachland Nashidik, "Feminine Political Culture," *INDONESIA −L*, (Monday, 23 September 1996). Nashdik은 남성으로서 PIJAR의 최고회의간부회의 간사로 확인되었다.

명이다. 두 번째 갈래는 과거와 미래의 대안 정권으로 상징될 수 있는 여성들이 권위주의적 정권 하에서 지나치게 삶의 특성으로 되어버린 공포와 불안을 순간적으로 통제하였기 때문이다. 라츨란드(Rachland)의 이러한 주장이 다소 과장된 면은 있지만 남성과 여성 정치인은 정치적 가치와 스타일에 있어서 커다란 차이를 보인다는 그의 지적은 명쾌하다고 생각한다. 나는 이러한 차이의 근원을 국가와 가족 내에서의 여성의 종속성에서 찾을 수 있다고 주장하고자 한다.

이제 나는 나의 주장을 공적이고 학문적인 영역에서 하고자 한다. 우선 나는 여성이 정부와 정치로부터 배제된 것과 관련하여 몇 가지를 말하고자 한다.

수세기 동안 "남성은 정부를 이끌고 정치철학을 저술한 반면 여성은 민주주의의 실천과 사상에 거의 영향을 끼치지 못했다."[2] 이것은 민주주의에 관한 사고 방식에 대한 토론을 시작하면서 한 페미니스트 학자가 한 말이다. 그녀의 주장은 남성이 정치와 학문 세계를 장악한다거나 또는 시민이라고 말할 때는 성별의 개념이 개입되지 않아야 된다는 점을 들어 민주주의 이론가들이 오류를 범했음을 말하는 것이 아니라, 남성과 여성이 정치를 "극적인 다른" 방식으로 이해하고 경험한다는 것과 관련된다.

이를 달리 표현하자면, 모든 정치제도와 정치형태가 남성시민과 여성시민간의 불평등한 체제, 즉 코넬이 젠더 정치체제(gender regime)[3]로 기술하고 있는 구조 또는 헌법상의 체제를 드러내고 있다는 것이다. 미국식 구어체적 용례에 따르자면, "레짐"(regime)

---

2) Jane Mansbridge, "Feminism and Democracy," in Anne Philips. ed. *Feminism & Politics*, (Oxford: Oxford University Press, 1998), p. 142.

3) R. W. Connell, *Gender and Power*(Oxford : Polity Press, 1987). 코넬(Connell)은 국가에 대한 젠더 이론화의 문제를 교정하고자 했던 주요한 이론가들 중 첫 번째 시도자이다.

이란 단어는 부정적 의미를 내포하고 있다. 하지만 정치학에서 이 단어는 헌법적 구조나 조직을 의미하는 중립적 용어이다. 예컨대 흔히 우리는 영국은 의회 정치체제를 갖고 있으며 미국은 대통령 정치체제를 갖고 있다고 말한다.

젠더 정치체제라는 이념은 일상적 행위가 부인과 남편, 사장과 비서 또는 어머니와 아버지처럼 쌍을 이룬 관계 내에 붙박혀 있는 성적 구분과 역할기대를 중심으로 질서화되고 조직화되어 있음을 의미한다. 코넬은 우리의 모든 제도가 젠더 정치체제를 갖고 있다고 주장한다. 국가가 젠더 정치체제를 갖고 있듯이 가족과 대학도 그렇다. 모든 사회제도의 젠더 정치체제의 특징은 다음과 같은 세 가지에 의해 결정된다.

(1) 조직과 사회제도에 배속된 남성과 여성들 간에는 흔히 강제적이거나 견고하지는 않더라도 분명한 노동의 분화가 있다. (2) 흔히 남성적인 가치와 권력 및 지도력의 헤게모니를 정상화하거나 길들이기 위한 교묘한 방식의 구분된 이데올로기가 있다. (3) 인간 평등과 남녀간의 상호존중이라는 일상적인 정치적 가정과 남성적인 헤게모니라는 실재간에는 갈등과 긴장이 있다. 예컨대 동남아의 많은 사회에서 여성은 사회적으로 상당히 높은 지위를 누리는 것으로 흔히 이야기되어 진다. 부인, 어머니 그리고 딸로서 여성들은 우호적으로 대접받고 심지어 존중된다. 그럼에도 불구하고 의사결정에 있어서 여성들은 자신의 남편, 아버지에게 그리고 과부가 되어서는 남자 형제들에게 철저히 종속되는, 즉 자신의 지위에 갇혀있다. 가족에서의 젠더 역할은 많은 점에서 분화되어 상보적이지 않고 극도로 비민주적이다.

Ⅱ. 국가의 젠더 정치체제

정치학의 영역에서는 성에 의한 정확한 노동의 분화, 개인의 정서적인 동시에 직업적인 의무와 책임의 결합, 권력 분배의 불균등으로 인해 발생하는 유사한 통합과 갈등이 있다. 가족처럼, 국가는 제도적인 형식과 구조를 갖고 있다. 국가의 젠더 정치체제의 윤곽과 기원은 다음에서 필자가 고려하고 있는 세 가지 핵심적인 구조의 고찰을 통해 밝혀질 수 있다.

1) 국가 인력들 내에는 성별에 따른 분명한 노동분화가 있다. 모든 공무원이 유니폼을 착용할 수 있지만 남성은 무장하고 여성은 그렇지 않다. 대부분의 고위직은 남성에 의해 철저히 남성 네트웍 속에서만 분배되어지는데, 이는 일자리와 계약을 위한 최상의 거래력을 지닌 남성들에게 할당된다. 국가기밀을 다루는 사람들처럼 중요한 일을 수행하는 사람들은 철저히 남성들이며, 이멜다 마르코스와 같은 예외적으로 주제넘은 여성은 그 규칙을 증명하는 역할을 수행하고 있다. 국가 공무원직 획득에 성공한 동남아 여성의 20-30%는 승진 전망이 제한된 하위직에 집중되어 있다. 지배에 대한 권리라는 남성적 가정은 사회에 널리 퍼져 있고 강력하며 일상화되어 때로는 기묘한 효력을 발휘한다. 1993년 UN의 후원 하에 치러진 선거결과로 구성된 연합정부에는 여성각료가 전혀 없었다. 신설된 국가 여성비서관직에 남성이 임명되었다. 그 결정은 그 자리에 적합한 확실한 후보자가 관련된 캄보디아의 여성운동에 겁을 먹은 결과 이루어진 것이었다. 1998년에 그 비서관직은 여성과 재향군인부(Women's and Veteran's affairs) 장관직으로 승격되었다. 여성문제가 재향군인의 문제와 쉽게 또는 이념적으로 연

결되지 않지만, 그것은 국가의 젠더 정치체제 내부의 시각으로 보면 국가의 영웅을 돌보는 일에 적극 협력해야 할 국가의 여성을 보살펴주어야 한다는 온정주의적이고 보호주의적인 주장으로 이해될 수 있을 것이다.

2) 남성적인 방식의 우월성을 주장하는 공식적인 이념들이 있다. 국가 지도자들은 강력하고 거칠고 박력 있거나 "강한" 것으로 여겨지는 행위를 철저히 선전하고 옹호한다. 지도력은 "강력한 지도력"이어야 한다. 권위주의자들은 흔히 "안정"을 유지할 필요를 강조함으로써 비무장한 시민에 대한 무기와 정책의 불법적인 사용을 정당화하려고 한다. 사회의 안정을 동요시키는 폭력과 공격은 용인되지 않는다. 공식적인 젠더 이데올로기는 "소심한 사람", 우유부단, 무능 또는 신체적인 허약함을 남성적인 것은 물론이려니와 심지어 여성적인 것보다 못한 것으로 경시한다. 이 이념들은 거의 철저하게 동성 혐오적(homophobic)이다. 인도네시아에서의 권위주의적 신질서는 사회 내 젠더의 차이를 적극적으로 장려하고, 가정의 젠더 정치체제를 국가의 젠더 정치체제에 일치시키려는 시도를 하였다. 수하르토 대통령은 그의 친구와 가족(분명 자신의 가구)과의 관계에서는 아저씨처럼 친절하고 관대하지만, 가족과 그의 권력 네트웍 내에 불성실하다고 여겨지는 사람은 정적을 포함한 그 누구에게나 위협적이고 무자비한 폭군적 "팍 하르토"(Pak Harto), 즉 아버지 또는 보호자 수하르토가 되었다. 필리핀공화국의 젠더 정치체제에 붙박힌 헤게모니적이고 남성적인 가치를 분명하게 의식하고 있었던 글로리아 아로요(Gloria Arroyo)는 최근 거리의 시위를 진압하면서 남성적 완력을 보여주었다. 그러나 그녀는 지난 월요일의 선거유세에서는 철저히 여성적이고 민주적인 입장에서 "사회의 상처를 치유하겠다"는 공약을 하였다. 아마도 더욱 중요한 것은 대부분 주들의 관료들이 다종 다양한 남성성을

갖고 있다는 점과, 성별에 관계없이 모든 민주적 지도자들은 군사
주의와 다른 권위주의적 충동과 관련된 남성성을 법의 원칙을 따
르는 남성성과 구별시켜야 함을 상기하면서, 글로리아 마카파갈
아로요는 군의 의무는 헌법에 충실한 것이 되어야 함을 여러 번
지시하였다. "남자다움이란 요인"(machismo factor) 때문에 동남아
모든 군대는 여성을 군 통수권자로 받아들이지 못한다. 전해진 바
처럼 에스트라다 전직 대통령 복귀를 요구하는 저항자들에 대한
"강하고" 단호한 그녀의 행동을 나는 그녀가 젠더 전선에 대한 위
협을 느끼고 있는 증거로 해석하고자 한다.[4]

  3) 국가의 정책은 남성과 여성 및 가족의 젠더 정치체제에 대한
다양하고 뚜렷한 영향을 지닌 젠더 정치체제를 반영하고 강화시
킨다. 국가가 우리의 삶의 많은 부분에 개입하고 규제한다는 것은
정치학에서 잘 알려진 사실이다. 우리의 출생이 등록되고 우리의
소득은 과세되며 우리의 자동차 운전은 면허를 받아야 가능하다.
우리는 공법이 고결한 여성다운 행위와 남성다운 행위를 확인하
고 인정하는 방식에 영향을 끼침으로써 젠더 이념을 고양시킨다
는 사실을 잘 알고 있지 못하다. 예컨대 동남아시아의 혼인과 이
혼 법률은 종종 여성과 남성에게 동등한 권리를 부여하지 않는다.
HIV와 AIDS 대한 정부의 선전은 자신의 고객이 안전한 섹스를 하
도록 설득하는데 실패한 매춘부들을 비난하고 있다. 정부가 혼외

---

4) 그녀가 대통령이 되기 전인 2000년 12월 24일 Philippine Daily Inquirer와
  가진 한 중요한 인터뷰에서 그녀가 "남자다움이란 요인"(machismo)을 어
  떤 식으로 다룰 수 있는가에 대해 입장 표명을 요구받은 적이 있다. 2001
  년 2월 공군간부후보학교 졸업식 동안 행한 연설에서 아요로는 군부를
  EDSA1과 EDSA2 모두를 의미하는 "EDSA의 영웅들"로 끌어안고 그녀가 1
  월에 권좌에 오를 수 있도록 한 사건인 EDSA2의 주동자인 에스노사
  (Espinosa) 장군에게 감사를 표했다. 본 연설과 이와 관련된 많은 연설들은
  웹 싸이트에서 찾아볼 수 있다.

및 혼전 성교를 가질 수 있는 남성의 추정된 권리를 선전하고 있음을 누가 알 수 있겠는가? 유사하게도 부인과 어머니에게는 가족계획과 출산통제를 위해 최선을 다하도록 요구하지만, 남편과 아버지에게는 남성적 성욕의 무제한적 표출을 암묵적으로 용인해 주는 이데올로기를 가정하고 있다. 특히 최저임금과 노동시간 및 조건들을 규정해 놓은 노동법은 단지 값싸서가 아니라 우수한 고도의 기술 때문에 고용되어, 그 수입을 가족들을 위해 사용하는 여성 노동자를 보호하는 데에는 흔히 관심이 없다. 자바 농촌의 여성노동자에 대한 페미니스트적 연구는 아버지가 때로는 노동자인 딸이 경제적으로 집에 계속하여 살 수 밖에 없도록 지역의 기업가에 협력하고 있음을 보여준다. 이것이 국가와 시장의 젠더 정치체제가 가정의 정체체제와 맞물리는 한 예인 것이다. 이런 맞물림이 가능한 것은 의무에 충실한 딸이나 사랑스런 부인과 어머니라는 젠더화된 역할 안에서 여성이 남성에게 종속됨을 강조하는 이데올로기와 실천 때문이다. 남성적인 이해가 모든 젠더 정치체제의 헤게모니를 쥐고 있기 때문에 가정과 국가 및 시장 정치 체제의 경제적 맞물림은 여성에게는 매우 위험하고 착취적인 것이다.

페미니스트적 시각에서 볼 때 통치기관과 국가 젠더 정치체제의 민주화가 시급히 실현되어야 함은 매우 중요한 것이다. 이의 실현을 위해서는 많은 문제와 쟁점이 제기될 것이다. 즉 누가 그 일을 할 것인가? 무엇이 이루어져야 하는가? 시민계급으로서 활동하는 여성들은 어떤 차이가 있어야 하는가(또는 있을 수 있는가)? 배제와 주변화 및 조건화의 유산이 너무도 압도적인 것은 아닌가?5)

---

5) 나는 민주화에 관해 요구되어질 수 있는 다른 통상적 질문을 대충 넘어간다. 영어로 출판된 자유민주주의에 관한 문헌들은 다당제적 선거에서 선출된 대표들을 통한 선거 기간 동안에 자유롭게 행동할 수 있는 기회를

Ⅲ. 여성과 민주화

젠더 정치체제와 젠더 관계가 민주화 논쟁의 주류에서 거의 찾아 볼 수 없는 것은 말할 나위가 없다. 단지 일부 학자, 특히 페미니스트의 일부만이 이런 지적 전문분야의 시각을 교정하고자 시도한 바 있을 뿐이다. 라틴아메리카의 군사독재에 저항하는 여성운동을 연구했던 조지나 웨이렌(Georgina Waylen)은 민주화를 위한 대중적 운동이 등장하고 진전됨에 따라 여성들이 자신의 젠더화된 정체성(예컨대 어머니와 가구의 부양자로서)[6]과 관련된 사회적 역할을 바탕으로 운동에 참여한다고 주장한다. 매주 목요일 5월의 광장(Plaza de Mayo)에 "실종자"의 사진을 들고 시위하는 아르헨티나 여성들은 민주주의를 요구하지 않았다. 즉 그들은 정치범으로

지닌 시민들에 의해 통치자가 자신의 행위에 대한 책임을 추궁 받게 되는 통치체제의 필요성을 강조하고 있다. 특히 출판의 자유와 같은 시민의 기본권의 실재는 민주주의가 가능하도록 하는데 필수적이라 판단된다. 안정된 민주적 정치체제는 최소한의 공적인 폭력을 수반하는 공공의 합의와 시민적 문화를 요구하고 있다. 민주화가 사회적 병리와 정치적 잘못을 치료하는 만병통치약은 아니며, 새롭게 등장한 민주화는 대체시킨 권위적인 정치체제보다 관료제와 사회적 제도에 있어서 더 비효율적이고 부패하며 무질서한 경우가 흔히 있을 수 있다는 점을 일부 학자들이 조심스럽게 지적하고 있다. 이에 대한 유익한 입문서를 추천하자면, Philippe C. Schmitter and Terry Lynn Karl, "What Democracy is ⋯ and is not," in Larry Diamond and Marc F. Plattner, eds., *The Global Resurgence of Democracy*(Baltimore: The Jones HopKins University Press, 1993)과 Samuel P. Huntington, "Will More Countries Become Democratic?" *Political Science Quarterly Vol.* 99, No. 2 (Summer 1984) 등이 있다. 헌팅턴의 글 속에서 그는 강력한 중간계급의 등장과 세속적 외래 환경을 민주주의 발흥의 핵심적인 역사적 요인으로 규정하고 있다.

6) Georgina Waylen, "Women and Democratization: Conceptualizing Gender Relations in Transition Politics," *World Politics* 46(April 1994), p. 334.

수용되었거나 죽은 것으로 추정되는 자녀의 석방을 어머니로서 요구하였다. 이러한 그들의 행동은 가족의 젠더 정치체제와 국가의 젠더 정치체제간의 갈등양상을 가져왔다.

관련은 되지만 다소 다른 접근을 택하고 있는 진 베쓰케 엘쉬타인(Jean Bethke Elshtain)은 누이, 딸, 부인, 어머니의 자격으로서 여성이 때로는 전통적인 (가족의) 권리와 권위가 무엇보다도 중요하다는 것을 주장하는 일에 여성 스스로가 가장 유리함을 알 수 있다고 주장한다. 오만한 공권력을 가진 기구와의 첨예한 대립이 있을 때 남성보다 여성들은 "전통적" 권위를 주장하고 실천한다고 그녀는 주장한다. 그녀는 고대 그리스에서 자신의 남자 형제의 시신을 살코기를 먹는 독수리의 밥이 되도록 들에 놓아두라고 명령한 테베(Thebes)의 왕이었던 전제군주인 크레온(Creon)의 칙령에 도전한 안티고네(Antigone)의 사례를 인용하고 있다. 죽음을 무릅쓰고 여성은 남성과 국가의 법에 대항하여 싸울 수 없다는 그녀 자매의 경고에도 아랑곳하지 않고 안티고네는 그녀 남자 형제를 명예롭게 할 필요성과 이를 인정하지 않는 국가의 부도덕성을 주장하였다. 여기서 두 가지 일이 벌어졌다. 첫째는 국가 폭력으로 인해 가정의 정치체제는 종속된다는 통치자의 기대와 가족의 젠더 정치체제간에 첨예한 갈등이 일어났다. 두 번째는 이 이야기에 등장한 두 딸은 자신들의 충성심과 공포로 인해 남성 친족원에 대한 종속성을 보여주었으며 또한 이들은 일반적으로 자신들의 무기력함(또는 젠더 질서에서의 자신들의 "위치")을 인정하고 있었다. 그럼에도 불구하고 안티고네는 위기의 순간에 정치적 약세를 도덕적 권위로 전환시키고 결속력에 대한 비전을 동원함으로써 이것들을 공권력 억제의 수단으로 이용할 수 있었다.7)

---

7) Jean Bethke Elshtain, "Antigone's Daughters," *Feminism and Politics*, pp. 369—70, and 375.

　인간 생명의 일차적인 생산자이자 보호자인 여성이 생명을 담보하는 도덕적 품위의 문제에 국가를 구속시키는 과업을 특별히 잘 수행하고 그러한 것이 여성의 특권적 역할이라는 이념은 만족스런 것이다. 이것은 전형적으로 일치된 정치적 이데올로기가 결여된 "민중의 힘"과 과거와 미래에 대한 대안을 표명하는 반정부 여성지도자의 부상이 연결되어질 수 있음을 시사한다. 여성이 민중운동에 적극적으로 개입하는 것은 여성들을 실로 정당화시키고 도덕적으로 고양되고 해방되게 만든다. 나는 여성의 지도력이 남성 권위주의자들의 "마초"라는 정치적 관습을 "완전히 다르고" 페미니스트적 정치문화로 대체시킬 수 있다고 본 글의 서두에 인용했던 인도네시아의 운동가인 라츨란드의 주장에는 동의하지 않는다. 그럼에도 불구하고 침착하면서도 협력적인 여학생들의 역할은 1973년 태국에서 학생주도로 일어난 봉기에 관한 영화와 1980년 5·18 광주 항쟁을 통해 증명되고 있다. 1998년 인도네시아의 리포마시 운동에서도 무장 군인과 위로 향한 소총의 총신에 꽃을 걸고 있는 평화로운 시위자들 사이에 여성들이 비상선을 만든 바 있다. 그럼에도 불구하고 공식적인 젠더 이데올로기는 코리 아키노, 글로리아 아로요, 아웅산 수지 및 메가와티 수카르노 푸트리의 사고에 여전히 중요하게 남아 있다.

21세기 아시아의 계몽시대: 민주주의가 뿌리내리기 위한 조건으로써 편견 없애기

바실 페르난도
(Basil Fernando)*

I

민주주의가 직면하는 문제점들 가운데 하나는 우월성과 열등성에 대한 사람들의 편견을 없애는 일이다. 사회적 신분에 따른 불평등을 철폐하려는 노력은 너무나 어려운 일이어서, 그러한 시도는 종종 많은 유혈을 수반하였다. 프랑스 혁명 당시 오랜 기간 계속된 유혈사태의 충격은 유럽의 역사에 그리고 전 세계의 역사에 큰 흔적을 남겨놓았다. 20세기에 발생한 혁명들도 사회적 형평을 위한 폭력의 사용을 정당화하였으며, 스탈린주의자들의 숙청과 폴 포트(Pol Pot)의 대량학살과 같이 시간을 되돌리려는 사건들을 야기하였다. 오늘날 많은 지역의 전쟁에서 편견을 줄이고, 열등한 것과 우월한 것으로 인식되고 있는 것들의 간격을 줄이기 위한 폭력

---

* 아시아인권위원회(AHRC: Asian Human Rights Commission) 이사.

의 사용이 여전히 주요한 분쟁거리가 되고 있다.

한편 세계적인 통신시스템의 변화는 아시아 사회가 지니고 있는 우열에 대한 전통적인 질서체계를 강타하고 있다. 한때 자신들이 우월하다고 생각했던 사람들 간에 혼란이 야기되고 있으며, 또한 자신들에게 강요되어 왔던 부당한 대우 때문에 움츠리며 살았던 사람들도 혼란스럽기는 마찬가지다.

군부와 준군부 조직들은 이러한 혼란으로 생겨난 기회를 자신들의 이익을 위해 최대한 이용하여 왔다. 아시아의 거의 모든 지역에서 이러한 비민주적 조직들의 등장을 경험하였다. 일부 국가들에서는 그 영향력이 광범위하여, 국민들의 생활 깊숙이 군부 및 준군부의 영향력이 침투해 있다. 캄보디아, 스리랑카 그리고 파키스탄은 이러한 과정을 대변하는 사례들이다. 아프가니스탄과 같은 극단적인 사례를 들지 않더라도, 인도의 여러 지역도 또한 유사한 상황에 직면해 있다. 비록 그 이유는 다르지만, 비하르(Bihar)가 그러한 예이며 그리고 캐쉬미르(Kashmir) 또한 그렇다. 미얀마는 군사주의에서 기인한 사회부패 때문에 여전히 저개발 상태에 있다. 위에서 언급한 나라들에 비해 그 정도가 경미할지는 모르지만, 아시아의 여타 지역들에도 이와 유사한 현상이 여전히 존재하고 있다.

오늘날 군부와 준군부 세력의 영향력 행사에서 특이한 점은 그들이 누리는 권력이 자신들의 힘보다는 오히려 사회에 만연해 있는 정치적, 사회적 혼란에 의존하고 있다는 점이다. 다시 말해, 법치(法治)의 실패와 혼란한 사회질서가 군부와 준군부 세력을 사실상 초대한 것이다.

또 다른 특이점은 군부와 준군부 세력이 취하는 조치가 법체계와 사회질서를 회복하는 데 목적이 있는 것이 아니라, 정치적·사회적 위기 상황을 지속시키는 데 그 목적이 있다는 점이다. 문민통치에 대한 군부의 실질적 우위는 만연된 사회적 혼란을 결코 종식시키지 못한다. 예컨대, 파키스탄의 경험에서 볼 수 있듯이, 법과 질서가 없는 상황이 계속되고, 심한 경우 사태는 더욱 악화된다. 사실, 군부와 준군부 세력은 법과 질서의 회복을 원하지 않는다. 만일 법과 질서가 회복된다면, 그들의 영향력은 줄어들 것이기 때문이다. 반대로, 정치적·사회적 불안은 군부와 준군부 세력이 원하는 바를 제공하기 때문이다.

일반 시민들에게 이러한 상황은 악몽과 같다. 한편으로 시민들은 사회적 분열의 희생자가 되며, 다른 한편으로는 군부와 준군부 세력의 희생자가 된다. 시민들은 민주주의 국가의 보호를 받지 못하며, 군부통치가 통상 약속하는 사회적 안정도 누리지 못한다.

Ⅱ

이러한 상황이 왜 그리고 어떻게 발생하는지 어렵지 않게 알 수 있다. 수십 년 전만 하더라도 특정 엘리트집단의 우월한 지위가 사회적으로 인정되었으나, 이제 그러한 사회적 용인이 줄어듬에 따라 이들 특권집단들의 위치는 심각한 위협을 받게 되었다. 이들 특권집단들은 이러한 새로운 사회의식의 등장과 성장을 전면적으로 예방하거나 파괴할 수 없음을 잘 알고 있다. 확실한 승리를 장담할 수 없는 상황에 직면하여, 이들 엘리트집단은 군부와 준군부 세력이 전면에 부상하도록 상황을 악화시키는 것을 선호한다. 그렇게 함으로써, 그들은 자신들의 우월한 지위를 계속 유지할 수 있는 것이다.

그 대표적 사례로 인도를 들 수 있다. 독립 이후, 브라만 계급은 – 이들은 전통적으로 상위 카스트계급에 속하며 인류 역사상

거의 유래 없는 우월한 지위를 누려왔다-사회적 평등을 주장하는 집단들의 등장으로 인해 그 지위를 상당히 위협을 받고 있었다. 사회적 평등을 외치는 사람들 가운데에는 '불가촉천민'(untouchable)이나 '아웃카스트'(outcaste, 카스트 계급에 속하지 않는 천민)의 처우를 강요받던 사람들이 포함되어 있다. 독립 이후, 일부 헌법과 법률조항이 이들에게 새로운 길을 열어줌에 따라, 그들은 카스트적 관념-자신들의 사회적으로 열등한 위치에 있으며 그리고 다른 사람들이 그들보다 사회적으로 우월한 위치에 있다는 생각-을 더 이상 받아들이지 않게 되었다. 불과 몇 십 년 사이, 근대적 교육을 받은 사람들이 많이 등장했는데, 그들 가운데에는 수천 년 동안 사회의 밑바닥에 속해 있던 가문 출신들도 존재하였다. 그들은 말하는 태도와 내용, 옷차림, 앉는 태도 그리고 자신들의 신분을 드러내는 모든 것을 바꾸기 시작했다. 서구에 온 사람이라면 이러한 변화가 중요한 것이 아니라는 것을 알겠지만, 그러나 인도 사회-1,000년 이상 마누(Manu)의 카스트제도에 익숙해 있고 심지어는 물 마시는 법까지 카스트에 의해 결정되는 사회-에서 그러한 행동은 매우 급진적인 것이었다.

이에 대응하여, 특권 엘리트들은 민주주의를 와해시키겠다는 확고한 결의를 다지게 되었다. 마하트마 간디의 살해자인 Godse처럼, 브라만과 여타 상위 카스트계급들은 이른바 '힌두트바'(Hindutva)로 알려진 운동을 전개하기 시작했다. 세계에서 가장 큰 민주주의 사회에서 이제 평등을 방해하는 운동이 등장하고 있는 것이다. 실제로, 인도에서 평등에 대한 요구를 억압하기 위해 행사되고 있는 폭력은 실로 엄청나다. 우월한 지위를 유지하려는 사람들과 열등한 지위를 타파하려는 사람들 간의 긴장은 결과적으로 사회적 불안정을 초래하며, 이러한 상황에서 민주주의의 정상적인 작동은 대단히 곤란하게 된다.

스리랑카의 엘리트들은 식민지시대 이전의 봉건가문 출신이며, 이들은 또한 식민지 권력의 협력자들이었다. 하지만 교육의 기회가 확대됨에 따라, 농촌 사람들이 사회적으로 눈을 뜨게 되었다. 이에 따라 엘리트 가문들이 누렸던 절대적인 지위는 논란의 대상이 되었으며, 기존 엘리트들은 사회적 도전에 직면하게 되었다. 기득권을 보호하고 유지하기 위해서 엘리트집단들은 민중들의 민주주의 요구를 탄압하였고, 그 탄압은 폭력의 형태를 띠었다. 이러한 탄압에 대한 보복적인 대응 역시 폭력적이었다. 스리랑카 남부 지역에서, 가난한 젊은이들과 열등한 사회적 처우를 강요받는 사람들 사이에 저항이 확산되었다. 이들에 대한 억압은 가혹하였다. 불법적인 살인과 잔인한 고문이 일상적으로 행해졌다. 오늘날 법과 질서의 체계는 완전히 무너졌으며, 사회는 매우 불안정하다. 이것이 바로 평등을 요구하는 민중들에 대항해서 엘리트들이 만들어낸 대안적 상황이다.

또한 캄보디아의 경우, 과거 오랜 기간 동안 일반 국민들의 평등권을 부정하는 군주제도를 보유하고 있었다. 오직 부패한 소수 엘리트집단만이 모든 특권을 누려왔다. 이 때문에 사회적으로 급진적인 운동이 지지를 받았다. 미국의 폭격으로 인해 약 80만 명에 달하는 캄보디아인이 사망하였는데, 크메르루즈(Khmer Rouge)가 정권을 잡으면서 이러한 급진적 운동의 일부가 외부에 알려졌다. 극심한 사회적 불안 속에서, 캄보디아 국민의 일곱 명 중 한 명 꼴로 그 혁명에 희생되었다. 특히 엘리트집단과 어떠한 관련이 있었을 것으로 추측되는 모든 사람이 목숨을 잃거나 실종되었다. 베트남 개입으로 소수의 권력집단이 캄보디아를 통치하였다. 이후 그들의 통치는 유엔 과도기관(UN Transitional Authority)이 설치되고, 선거가 실시될 때까지 10여 년간 지속되었다. 그러나 유엔이 그 선거 결과를 집행할 수 없게 됨에 따라, 캄보디아를 민주화하려는 어떠한 시도도 사회적 불안을 부추기는 권력 집단들의 저항에 직면하였다. 나쁜 통치(bad governance)냐 불안의 가중이냐의 선택에서 나쁜 통치가 이긴 것이다.

최근 인도네시아 국민들은 35년간의 독재와 군부통치를 무너뜨렸다. 이에 대응하여 군부와 준군부 세력들은 여러 수단들을 동원하여 인도네시아 사회에 불안을 조성하고 있다. 여기에는 인종간 그리고 종교간의 갈등을 선동하는 것도 포함되어 있다. 이러한 상황은 권위주의하의 기득권층이 계속해서 그들의 특권을 누리도록 부추기고 있다.

말레이시아에서는 전 부수상 안와르 이브라힘(Anwar Ibrahim)이 이끄는 한 야당 단체가 10여 년 이상 이 나라를 지배해온 권위주의적인 통치에 반대하여 민주주의에 대한 논의를 제기하기 시작하였다. 그래서 현상유지를 바라는 세력들은 안와르 전 부수상과 몇몇 인사들을 투옥하였다. 나아가 마하티르 수상은 그러한 시위가 확산되면 급진적인 폭력사태가 초래될지도 모른다고 위협하였다. 이것이 의미하는 바는, 엘리트들은 정치적으로 위협을 느끼면 그들은 사회적 불안을 조성한다는 것이다.

이 모든 사례들이 시사하는 바처럼, 현재 아시아의 여러 지역에 만연되어 있는 무법·무질서의 현상을 사회 내 세력 간의 대립이라는 더 넓은 맥락에서 검토해야 한다는 점이다.

Ⅲ

　21세기가 아시아의 계몽의 세기가 되려면, 우월한 지위를 유지해온 사회 엘리트들이 평등의 문제를 진지하게 검토해야 한다. 현재 아시아 대륙은 사회적 계몽이 절실하며, 이는 격동의 시대를 맞이하여 중요한 사회적 의제로 등장할 것이다. 21세기에는 더욱 고결한 지성과 더욱 민감한 감성이 사회의 모든 부분에 미침으로써 사회적 평등을 위한 활동들이 성장하고 번성하게 될 것이다. 그러한 계몽만이 군부와 준군부 세력의 영향으로부터 아시아 사회를 구할 수 있다.

　아시아 사회를 계몽하는 데 있어서 가장 중요한 것은 국민들 간의 평등에 관한 이슈이다. 이때 평등은 정치적 평등뿐만 아니라 사회적 평등을 포함한다. 평등과 관련하여 가장 시급한 과제는 지구상에서 가장 참혹한 대접을 받는 사람들, 인간적 대우를 받지 못하고 쓰레기처럼 살고 있는 계층들의 삶을 개선하는 일이다. 즉 경제적인 그리고 사회적인 이중 차별에 시달리고 있는 인도의 '달리츠'(Dalits), 아시아 모든 국가의 원주민들, 농촌과 도시의 실업자들 그리고 내란과 정치적 불안에 의해 파멸에 이른 사람들의 비참한 삶은 개선되어야 한다. 이 가운데서도 여성은 가장 고통을 받는 집단이다. 아시아 여성들은 단지 여성이라는 이유로 차별 받아왔으며, 또한 전통과 종교에 의해 그리고 경제적 이유로 차별을 받아 왔다.

　누가 아시아 사회를 계몽할 것인가? 흔히 계몽은 하향식으로(top-down) 이끌어야 한다고 보는 견해가 있는데, 이는 정부가 국민을, 부유층이 가난한 사람들을 계몽해야 함을 의미한다. 이러한

발전 모델은 다국적인 기구 및 초국가적 단체들이 선호하는 접근
방법이다. 그러나 스웨덴과 같은 사회발전에서 어느 정도 성공한
나라들에 관한 경험적 연구들에 의하면, 진정한 계몽은 일반 민중
들의 의견을 청취하고 그들의 지혜를 존중하는 데서 출발해야 할
것으로 지적한다. 민중들은 생활하면서 문제에 부딪히면서 스스로
지혜를 계발한다. 이들의 지혜를 존중할 때, 문제의 해결점이 보다
쉽게 찾아진다.

광주의 경험도 민중의 지혜가 무엇을 의미하는지를 보여주는
분명한 사례이다. 1980년, 군부에 굴복하지 않고 투쟁하는 것이 올
바른 길임을 자각하고 자신들의 목숨을 희생한 광주 시민들의 행
동은 그 대표적인 사례이다. 이는 궁극적으로 대한민국의 국민을
구한 희생적 행동이었다. 생각해 보라. 만일 그들이 다른 결정을
했더라면, 군부 지배는 얼마나 더 오랜 동안 지속되었을 것이며,
얼마나 심하게 한국민의 정신을 더럽혔을 것인가를.

일반 국민들은 모든 사회적 문제에 대해 자신의 생각과 판단을
지니고 있다. 문제를 해결하는 최상의 길은 국민들을 격려하여 자
신들의 생각과 판단을 드러내도록 유도하는 것이며 국민들간의
활발한 대화가 계속 유지되도록 하는 것이다.

이에 해당하는 사례가 덴마크의 민중학교운동이다. 민중학교운
동은 18세기 말에 시작되어 나중에 널리 확산된 운동으로, 이는
일반 민중을 한 장소에 모이도록 하여 자신들의 문제를 그들 스스
로 토론하도록 한다. 그럼으로써 사람들이 스스로 자신의 생각과
느낀 바를 표출할 수 있었고, 문제를 해결하는 자신감도 얻을 수
있었다. 바로 이러한 방식의 대화가 엘리트와 국민 간에 이루어졌
던 것이다.

이후 덴마크의 민중학교운동은 세계 여러 지역으로 확산되었
다. 그 가운데 하나가 미국인데, 미국의 하이랜더 인스티튜트

(Highlanders Institute)는 민중학교운동 방식을 받아들였고, 이를 통해 미국 인권운동가인 마틴 루터 킹(Martin Luther King)을 비롯한 많은 지도자들에게 큰 영향을 끼쳤다. 사회적 평등의 확대에 완강하게 저항하고 있는 군사주의에 대한 진정한 대안은 민중학교운동에서처럼 민중들이 자신의 의견과 생각을 표현하도록 그리고 사회에 참여하도록 도와주는 것이다.

Ⅳ

이쯤해서, 대중(mass)의 개념과 민중(folk)의 개념을 구별하는 것이 중요하다. 신하라(Sinhala) 지역에서 'jana'는 민중(folk)를 의미하고, 'janatha'는 대중을 의미하는 용어이다. 우리는 민요를 'jana gee'로, 민간 설화를 'jana katha'로 그리고 국민의 기억을 'jana mahakaya'로 표현한다. 또한 웹스터(Webster) 사전에 의하면, 민중은 "단순하고, 꾸밈이 없고, 세련되지 않으나, 열린 마음을 가진 사람들"이다. 민중권(folkright)이란 "특권계급의 권리와 상반되는 국민들의 법이며 권리"이다. 또한 민중방식(folkways)이란 "의식적으로 고안하지 않고 만들어지는 인간집단 속에서 생활하고 활동하는 방식이다. 그러나 인간 행위에 대해 강제력을 갖는 지침"이다.

민중은 개별성을 가지며 그리고 민중은 창의적으로 상호작용을 한다. 민중은 감정을 지니고 있으며, 그들은 자신들의 감정을 서로 나눈다. 민중은 기억을 지니고 있으며 그리고 기억들은 그들 상호 간의 이해하는데 매우 중요하다. 무엇보다, 사람들은 유머를 지닌다. 민중을 묶어주는 실마리는 그들이 지닌 해학이다. 민중의 정체성은 그들의 유머 감각에 의해 정의된다고 말할 수도 있다.

한편, 대중은 개별성이 없다. 대중은 외부의 힘에 의해 움직이는 하나의 세력에 불과하다. 대중은 기억이 결여되어 있으며, 맹목적 감정이외에는 아무런 느낌을 지니지 않는다. "톱니바퀴의 톱니"라는 표현이 대중의 본질을 잘 드러낸다. 융(Karl Jung)은 대중의 본질을 다음과 같이 말했다.

> 사람들의 거대한 집단 덩어리 속에서는 개인은 사라져버린다. 이러한 집단 덩어리와는 별개로, 심리학적으로 대중적 심성의 주요한 요인들 가운데 하나는 과학적인 합리주의인데, 이는 개인에게서 그 근본과 존엄성을 빼앗는다. 사회단위로서 개인은 자신의 개별성을 상실하고 통계사무실의 단순한 추상적인 숫자가 된다. 개인은 중요성이 떨어지는 그리고 교체될 수 있는 부품으로써의 역할만을 할 수 있을 뿐이다. 합리적인 관점에서 그리고 전체적인 관점에서 볼 때, 그것이 바로 개인이 하는 일이다. 이러한 맥락에서 볼 때, 개인의 가치나 의미에 대해 논의하는 것은 매우 어리석어 보인다. 그러나 진실은 그와는 정반대이다. 개별적인 인간의 삶에 어떻게 그렇게 많은 존엄성이 부여되는가를 생각할 수 있게 되자마자, 오히려 진실은 손바닥과 같이 쉽다.[1]

20세기는 대중의 세기였지, 민중의 세기는 아니었다. 아시아에서도 또한 그러하였다. 이러한 배경에는 기술의 확대로 인해 사회가 뿌리 채 흔들리고 있는 점이 한 가지 중요한 원인이 될지도 모른다.

정치 분야에서는 형식 민주주의의 도입은 대중운동의 발생을 수반하였다. 목적 달성을 위한 압력 수단으로 대중의 활용이 증가하였는데, 정당은 대중동원을 위한 대표적인 정치적 수단이 되었다. 대중운동의 이면에는, 자신들의 목적달성을 위해 대중을 이용하기만 하는 세력들이 종종 있다. 대중은 압력 수단이지만, 그러한

---

1) Karl G. Jung (trans. R.F.C. Hull), *The Undiscovered Self*, (London: Routledge and Kegan Paul, 1958), p. 19.

압력에서 오는 편익은 대중이 아닌 대중을 움직이는 사람들에게로 간다.

20세기의 대중매체는 일반 민중들이 대중매체를 통하여 영향력을 행사하는 것을 불가능하게 만들었다. 그러한 매체를 소유하는 비용은 너무 비싸서 매체의 소유권은 엘리트의 수중에 있었다. 이에 대항하여 국민들은 때때로 대안적 매체를 개발하려고 할지 모르지만, 그러한 노력의 범위는 매우 제한된 것이었으며, 오래 지속되지 못했다.

대중매체의 발달과 함께, 일반 민중들 사이에 주요한 의사소통 매개체였던 구술을 통한 의사소통(oral communication)은 많은 어려움을 겪었다. 매스 매체는 국민을 혼란스럽게 한다. 매스 매체는 너무 많은 정보를 흘려 내보내, 민중들은 유입된 정보들을 명확히 이해하기 곤란했다. 또한 거대한 인쇄출판산업은 저작권과 관련된 다양한 개념과 법률을 통해 인간의 의사소통에 또 다른 제약을 가했다. 저작권법은 돈을 낼 때만 정보를 이용할 수 있게 했는데, 이러한 현상은 일반 국민들에게 중요한 정보를 제공하지 않는 효과를 지니고 있었다.

아마 20세기 마지막 10년 동안 일어났던 몇 가지 발전들은 21세기 인간의 의사소통 방향을 바꿀 것이다. 거대한 언론기관에 의지하지 않고, 개인이 타인과 접촉할 수 있게 하는 민간 컴퓨터와 통신시설은 국민들의 삶에 대한 엘리트의 지배에 저항할 수 있는 '민중 의사소통'(folk communication)의 유형을 다시 한번 가져올지도 모른다. 그럴 가능성이 현재 존재한다. 또한 이러한 유형의 민간통신은 인간의 의사소통을 저해하는 가혹한 저작권법을 분쇄하는 데 도움을 줄 것이다. 일반 국민들 사이에서 그들의 아이디어, 의견 그리고 정보를 공유하는 데는 항상 무료였다. 이전의 관개수로개설, 치수사업, 농작물 개발, 보건 조직, 노래, 춤 그리고 여타의 문화들은 일반 사람들의 무료 의사소통에 기반을 두어온 것이다. 현재 이러한 무료 의사소통이 민간통신시설을 통해 다시 한번 가능해질지도 모른다.

V

21세기의 계몽은 일반 국민들 간의 의사소통을 촉진시키는 첨단기술의 활용에 크게 의존할 것이다. 국가나 다른 거대 대중매체들이 생산한 정보에 대한 단순한 소비자에서 벗어나 일반 국민들이 스스로 자신들의 문제에 대해 대화를 하기 시작한다면, 상황은 크게 달라질 것이다. 이러한 '민중의사소통'의 형태는 세계인들 간의 작용과 반작용을 연쇄적으로 생산해 낼 것이며, 민중들은 그러한 의사소통이 중요한 자산임을 임을 스스로 느끼게 될 것이다. 그리고 그들은 자발적으로 지구 온난화, 생산계획, 차별의 문제, 기타 등등을 다루게 될 것이다.

우리는 최근 많은 운동단체들이 이러한 방식을 채택하고 있음을 목격하고 있다. 예컨대, 세계무역기구(WTO), 세계은행(World Bank), 국제통화기금(IMF)의 정책에 반대하는 민중운동, 많은 지역의 농촌과 원주민들의 삶을 결단내버리는 대규모 댐 건설에 반대하는 항의운동, 이전의 '불가촉천민'(현재는 Dalits로 알려진)운동, 소수민족운동, 여성운동, 여러 국가의 원주민운동 등이 그 사례이다. 사실, 현재 무시할 수 없는 국제적 사회운동으로 발전한 인권운동이 바로 그러한 방식으로 시작하였다.

민중의 이익증진을 위한 의사소통은 아직 초기단계에 있기 때문에, 우리는 현재 '민중의사소통'의 가능한 용도를 적절히 평가할 만큼 충분한 경험을 지니지 않고 있다. 그러나, 민중적 계몽사업과 현재 이용할 수 있는 사적인 통신수단의 결합이 갖는 잠재력은 결코 무시할 수 없다. 국민들의 지혜는 공유할수록 그 잠재적 효과는 커진다. 오늘날 사적인 통신수단은 그러한 지혜의 공유를 가능하게 하고 있다.

이쯤해서, 나는 덴마크 민중학교운동의 창시자인 구룬트비그 (Grungtvig)의 말을 인용하고자 한다.

> 이제 나는 우리에게 전혀 새로운 것에 눈을 돌리고자 한다. 그것은 계몽기관으로, 그곳은 국민들이 점차 깨어 자의식을 가질 수 있는 곳이며, 젊은이들이 지도자들로부터 배우듯이 지도자들이 젊은이들로부터 배우는 곳이다. 그곳은 일종의 살아있는 'Vekselvirkning'이다. 즉 한쪽 편의 위계질서, 귀족정치, 사회적 야망과, 다른 한쪽 편의 계몽된 소수의 지도자와 교사들 사이에 존재하는 거대한 심연을 가로지르는 다리를 통해 상호 교화하는 장소이다. 양쪽을 연결하는 다리가 없다면, 중간계급 사회의 발전과 평화적이고 역사적이고 진보적인 발전을 위한 모든 가능성은 곧바로 벼랑으로 떨어질 것이다.[2]

민중학교의 비전을 위해, 현대 통신기술의 발달에 준거하여 나는 몇 가지의 사항을 부가하고자 한다. 현 시대는 모든 마을, 모든 읍, 모든 도시, 모든 직장이 웹사이트(web site)를 설치하는 시대이다. 웹사이트는 개인권리의 침해의 사례(예: 고문과 차별)에 대한 정보를 제공하고, 중요한 주제에 대해 논의하고 견해를 공유할 수 있는 공적 장소를 제공할 것이다. 또한 웹사이트는 사람들이 스스로 말하고 들을 기회를 제공할 것이다. 무엇보다도, 사람들에 관한

---

2) W. J. Basil Fernando, *Demoralization and Hope: Creating the Social Grungtvig of Denmark and B. R. Ambedkar of India*, (Hong Kong: Asian Human Rights Commission, 2000), p. 45.

이야기와 그들의 사진을 보존할 것이다. 그러한 웹사이트는 삶의 모든 영역에서 사람들의 담론을 바꿀 것이다. 권력기관에 의해 중요하다고 간주되어 온 소수 사람들에 대한 얘기를 듣는 대신에, 우리는 삶의 진지한 본능과 충동을 진솔하게 드러내는 일반 민중에 관해 들을 것이다. 이러한 웹사이트에서 우리는 민주주의를 유지하고 군부독재를 막을 수 있는 인간적 상호교류를 위한 장소를 마련할 수 있을 것이다. 그리하여 민중의 영향력이 어디에서나 느껴지는 시대가 창조될 수 있을 것이다. 이러한 희망은 이제 가능하며, 나는 그 희망이 곧 실현될 것으로 기대한다.

찾아보기

[ㄱ]

[ㄴ]

[ㄷ]

다원주의(pluralism) 16, 24, 134,
163, 178
달리츠(Dalits) 199
대민족(Dai Dan Toc) 126, 132
대안전선(BA) 33, 36, 37
동 프엉(Dong Phuong) 128
디엔 비엔 푸(Dien Bien Phu) 117

[ㄹ]

라츨란드(Rachland) 183, 191
RAM 95, 96, 98
레득토(Le Duc Tho) 119, 123
레포르마시(Reformasi) 10, 29, 182,
191
룩서차오반(Lukseachaobaan) 149
리덩후이(Lee Teng – hui) 41, 55,
56, 57
리처드 닉슨대통령 121
리펑(Li Peng) 167

[ㅁ]

마초 정치 습성 182

[ㅁ]

마하티르(Mahathir) 14, 15, 29,
31, 32, 35, 37, 198
말라야 공산당 20, 22
말레이국민당(MNP,
Malay Nationalist Party) 21
말레이시아 국민연합(UMNO) 21
무료 토지 허가 107
미얀마 93, 160, 161, 164, 166,
168, 171, 173, 174, 175,
182, 194
미조람의 챰파이 난민 수용소
175
민주주의 전선 92

[ㅂ]

BAYAN 92
바지파이(Vajpayee) 159, 163,
167, 171, 172, 173, 176,
177, 178, 179
반 띠엔 둥(Van Tien Dung) 120
반공법(Anti – Communist Act) 141
반공적인 요소 132
반둥회의 158
반식민운동(anti – colonial
movements) 19, 22
범우익카톨릭운동 131

[ㅇ]

[ㅈ]